DIETMAR BRUCKNER

Nostalgische Winkel in Bayern

DIETMAR BRUCKNER

Nostalgische Winkel in Bayern

GMEINER

Autor und Verlag haben alle Informationen geprüft. Gleichwohl wissen wir, dass sich Gegebenheiten im Verlauf der Zeit ändern, daher erfolgen alle Angaben ohne Gewähr. Sollten Sie Feedback haben, bitte schreiben Sie uns! Über Ihre Rückmeldung zum Buch freuen sich Autor und Verlag: lieblingsplaetze@gmeiner-verlag.de

Bildverzeichnis

annca 10; Birgit Böllinger 14; Jens Junge 16; Heike Burkhard 18, 38, 40, 42, 48, 52, 66, 68, 88, 90, 98, 100, 108, 110, 112, 128, 130, 136, 142, 148, 150, 160, 164, 168, 180, 182, 184, 186; Wolfgang Sauber CC BY-SA 4.0 20; frankenradar 22; Dr. Bernd Gross CC BY-Sa 3.0 24; Klöppelmuseum Abenberg 26; Klaus-Dieter Heumann 28; Tilman2007 30; Dietmar Bruckner 32; Touristik Service Dinkelsbühl, Ingrid Wenzel 36; Michael Kranewitter, CC BY-SA 4.0 44; Schönheitsfarm Gertraud Gruber GmbH 46; DB Museum/Mike Beims 50; Wolfgang Eckert 54; Flo Heibe 56; Gerd Eichmann 58; Sebastian Grünwald CC BY-SA 3.0 60; Vuxi CC BY-SA 4.0 62; bjs CC BY-SA 3.0 64; Tomasz Mikolajczyk 70; Michael Heimerl CC BY-SA 3.0 72; Hayotthu CC BY-SA 3.0 74; Martin Baldisoner CC BY-SA 3.0 76; Tilman 2007 CC BY-SA 3.0 78; Wolfgang Sauber CC BY-SA 4.0 80; Heike Wolff, www.linie5.com 82; nsm-Rainer Viertlböck 84, 86; Gabriela Neeb 92, 94; Michaela Moritz 96, 122; photovicky pixabay 102; photovicky pixabay 104; 10.000 Meisterwerke der Malerei 106; Mikhail Vachtchenko 114; Andreas Praefcke CC BY-SA 3.1 116; Â© Alfred KÃ¼ng 118; Valentin-Karlstadt-Musäum 120; weareaway 124; Stiftsbibliothek Waldsassen 126; www.balinthirling.com 132; analogicus 134; Jörg Braukmann 138; Derzno CC BY-SA 3.0 140; Kerstin Jönnson / Lofer 144; Sven121 146; Tilman2007 CC BY-SA 3.0 152; Albrecht Fietz 154; B.Zsolt CC BY-SA 3.0 156; Hartmut Wimmer, Outdooractive Redaktion 158; Janericloebe 162; Pixabay License 166; Superikonoskop 4.1 170; Presse Uni Passau 172; Pixabay License 174; ©cjkpics - stock.adobe.com 176; Kuchentratsch-München 178

Besuchen Sie uns im Internet:
www.gmeiner-verlag.de

1. Auflage 2020

Im Ehnried 5, 88605 Meßkirch
Telefon 07575/2095-0
info@gmeiner-verlag.de

Lektorat/Redaktion: Anja Kästle
Herstellung: Julia Franze
Bildbearbeitung/Umschlaggestaltung: Susanne Lutz
unter Verwendung eines Bildes von clubfoto/istockphoto.com
Kartendesign: © Maps4News.com/HERE
Printed in Slovakia
ISBN 978-3-8392-2743-5

Geschichte

Kunst und Kultur

Natur

Volkstümliches

URIGE PREZIOSEN

Erinnerungen mit Goldrand an Bayerns Kultur und Geschichte

Für dieses Buch gab es mehrere Auslöser. Einer war der Kabarettist Gerhard Polt. Er outete sich in einem Gespräch mit der Zeitung *ZEIT* als Meister des Einfach-nur-Dasitzens. Er sitzt auf einem Bootssteg am Schliersee, tut nichts und schaut. Auf den See, in die Berge, manchmal in die Zeitung, manchmal kommt auch jemand vorbei. Seit mehr als 70 Jahren ist Polt jetzt am See. Ein Monument der Beständigkeit. Fad sei ihm dabei nie geworden, sagt er, denn es sei immer was los. Jetzt zum Beispiel paddeln zwei Frauen und ein Mann, auf ihrem Brett stehend, vorbei. Ein »teatrino« sei das, sagt Polt. So nennen sie in Italien ein kleines Theater. Man muss sich Polt als glücklichen Menschen vorstellen.

Der nächste Auslöser war banal, aber symptomatisch: Als ich kürzlich in meinem Stammlokal war, einer urigen Bauernwirtschaft im Fränkischen Seenland, erkannte ich es kaum wieder. In den Betriebsferien war sie modernisiert worden: neues Mobiliar, neues Licht, neue Bedienung, neue Preise. Alles neu, aber auch alles gut?

Früher saßen hier Handwerker im Blaumann und ließen es sich schmecken. Daneben die Bauern aus den umliegenden Höfen und viele Stammgäste. Man kannte sich, zumindest ein wenig, manchmal redete man sogar miteinander – und das im wortkargen Franken. So war es Brauch und das alte Foto an der Wand vom örtlichen Gesangsverein wachte darüber, dass er eingehalten wurde. Doch nun ist auch das Foto mit den alten weißen Männern weg, klar. Und mit ihm die Aura aus Tradition und Behaglichkeit.

Aber nicht nur mein Landgasthaus erfindet sich dauernd neu. Auch Supermärkte, die CDU und der Verband der Kleintierzüchter tun es. Und stets gilt die Prämisse: Hauptsache, neu. Hauptsache, schrill, schräg und bunt. Dann ist alles gut.

Zukunft braucht Herkunft meinte dagegen der Philosoph Odo Marquard (1928–2015) in seiner gleichnamigen Essaysammlung und diagnostizierte ein »Unbehagen an der Wandlungsbeschleunigung«. Bereits 1988 war das, die Mauer stand noch, Helmut Kohl war Bundeskanzler und Steffi Graf gewann alle vier Grand-Slam-Turniere. Was er wohl heute schreiben würde angesichts unseres Modernisierungswahns?

Bleibt als letzter Auslöser das Märchen *Dornröschen*. Die Königstochter ist ein wertkonservatives Sinnbild. Als dieses leistet sie Widerstand gegen den Modernisierungswahn, den es zu ihrer Zeit schon gab, wenn auch weniger rasant. Nach einem Stich mit der Spindel fällt sie in einen tiefen, langen Schlaf, die Schlossbewohner ebenso.

Doch nach hundert Jahren naht ein unerschrockener Prinz und küsst sie ins Leben zurück. Wer es darauf anlegt, mag das restaurativ oder rückwärtsgewandt finden. Vielleicht ist es aber nur eine Metapher für den »Zauber des Bewährten« (Ildiko von Kürthy).

Vielleicht wollen die Menschen gar nicht, dass die Welt jeden Tag neu erfunden wird und sie sich neu orientieren müssen. Es überfordert sie, ihren Kopf, ihr Herz, ihre Seele. Wenn unsere Autobahnen erst mal voll sind mit autonom gesteuerten Autos, wird man über jedes Gefährt, in dem noch ein Mensch aus Fleisch und Blut sitzt und die Hände am Steuer hat, glücklich sein. Sensoren hin, Fahrassistent her.

Im Buch finden Sie Beispiele dieser Beharrungskraft getreu dem Satz von Jean Paul, dass die Erinnerung das einzige Paradies ist, »aus dem wir nicht vertrieben werden können.« Es beginnt mit der »Oiden Wiesn« auf dem Oktoberfest, geht weiter mit dem Rundfunkmuseum in Fürth, einer Dampflokfahrt durch die Fränkische Schweiz und endet mit der Zahnradbahn auf den Wendelstein. Auch bei der Augsburger Puppenkiste sind wir zu Gast, im Schreibmaschinen-Museum in Bayreuth ebenfalls. Und in der ältesten Apotheke in Bayern, die sich in Passau befindet, desgleichen in der Fuchsmühle bei Heideck, wo sich Fuchs und Hase »Gute Nacht« sagen.

Dass dabei einiges verklärt wird und einen nostalgischen Goldschimmer erhält, ist klar. Und dass sich die Welt unbeeindruckt von unserer Erinnerungsseligkeit weiterdreht, ebenso.

Und nun viel Spaß beim Lesen!

GESCHICHTE

1900
Rekord

1

Kaiserburg
Auf der Burg 17
90403 Nürnberg
0911 2446590
www.kaiserburg-nuernberg.de

Wahrzeichen und höchster Punkt der Stadt

Kaiserburg

Die Burg, das sind eigentlich deren drei: Kaiserburg, Burggrafenburg, städtische Burg. Verschmolzen zu einem majestätischen Ensemble am höchsten Punkt der Stadt, dem Burgberg. »Die Stadt, das bin ich«, scheint die Burg zu sagen. Und die Menschen glauben es gern.

Für das Feuerwerk an Silvester pilgern sie zu Tausenden rauf, hier heiraten Paare, die das Besondere suchen, hier werden Staatsgäste empfangen. Aber auch, wenn Opa und Oma zu Besuch sind, müssen sie hinauf. Und dann stehen sie an der Sandsteinmauer, lassen den Blick schweifen und sind beeindruckt. Das also ist Nürnberg, denken sie, hier kam regelmäßig der Kaiser her, hier hat Dürer gezeichnet und gemalt, Veit Stoß geschnitzt, hier hat sich Martin Behaim ein Bild von der Welt gemacht. »Des Reiches Schatzkästlein«, sagten sie im 15. Jahrhundert. »Die Boomtown des Mittelalters«, heißt es heute. Die Zeiten ändern sich, und mit ihr die Sprache. Nur die Burg, sie bleibt.

Bereits im 10. Jahrhundert, so wird vermutet, gab es eine erste Befestigung auf dem Burgberg. Es war eine Ansammlung von Grubenbauten, von einer Palisade umgeben, und wohl im Besitz der Markgrafen von Schweinfurt. Nichts Genaues weiß man nicht. Nur dass Kaiser Heinrich II. sie irgendwann dem Erdboden gleich gemacht hat. Wie er alles zerstörte, was den Schweinfurtern gehörte.

Gesicherte Daten stammen erst aus dem 12. Jahrhundert. Zwischen 1140 und 1180 ließen König Konrad III. sowie Kaiser Friedrich Barbarossa und dessen Nachfolger auf dem Fels eine Königspfalz errichten. Im Mittelpunkt standen der zweiteilige Palas, wo der jeweilige Herrscher bei seinen Aufenthalten in der Stadt residierte, und die kaiserliche Doppelkapelle. Sie soll um 1200 entstanden sein. Der Tiefe Brunnen (50 Meter), lebenswichtige Wasserversorgung in Belagerungszeiten, existierte zu dieser Zeit vermutlich schon. Später kam der Sinwellturm hinzu, der stolze Bergfried der Kaiserburg.

2

Hotel zum Riesen Miltenberg
Hauptstraße 97
63897 Miltenberg
09371 2582
www.hotel-riesen-miltenberg.de

Gasthaus »Zum Riesen«
Hauptstraße 99
63897 Miltenberg
www.riesen-miltenberg.de

DIE PERLE AM MAIN

Gasthaus und Hotel *Zum Riesen*

Es ist vielleicht das älteste Gasthaus in Deutschland, vielleicht aber auch nicht: Das Gasthaus *Zum Riesen* in Miltenberg im schönen Churfranken, dort, wo der Main schon mittendrin ist in seinem Element und im sogenannten Mainviereck ausgesprochen malerisch durch die Lande fließt. Genauso oft wie der *Riese* werden auf die Frage nach dem ältesten deutschen Gasthaus freilich auch der *Rote Bär* in Freiburg und der *Löwen* auf dem Schönberg genannt. Bei allen dreien, das ist das Spaßige daran, gibt es historische Indizien, dass sie den Titel zu Recht tragen. Wie auch immer: Das älteste Gasthaus Bayerns ist und bleibt der monumentale, die Fußgängerzone dominierende Kasten *Zum Riesen* in jedem Fall.

Schon 1158 soll Kaiser Barbarossa hier übernachtet haben, womöglich ermüdet von einer Stadtführung durch das tüchtige Miltenberg. Unwesentlich später kamen zahlreiche Promis, unter ihnen auch Heinz Rühmann und Elvis Presley. Ab 80 Euro im Einzelzimmer und ab 125 Euro in der Kaisersuite »Maria Theresia« (mit Dachterrasse und Superblick!) kann man es ihnen nachtun, Frühstück ist jeweils dabei.

Miltenberg mit seinen knapp 10.000 Einwohnern hat ja nicht nur das Gasthaus und Hotel *Zum Riesen* zu bieten. Zu Recht nennt es sich die »Perle am Main«, manchmal auch, wenn es übermütig ist, »ganz schön junges Mittelalter«. Im frühen Mittelalter des 13. Jahrhunderts ist es auch entstanden, die vielen Vorläufer lassen wir jetzt mal weg. Wer alles wissen will über das romantische Städtchen mit dem nostalgisch-verwunschenen Flair, geht am besten in das preisgekrönte Museum der Stadt Miltenberg oder schließt sich einer Stadtführung an. Dann sieht der Besucher auch das berühmte »Schnatterloch« im Herzen der Altstadt. Oder er geht zu Lili Chapeau und besucht ihr mit 27 Plätzen kleinstes Theater der Welt in der Fischergasse 17. Lili macht alles allein auf der Bühne und tritt höchstens mal mit ihren Pudeln oder einem Huhn auf. Doch Vorsicht in Miltenberg: Der Suchtfaktor wiederzukommen ist groß!

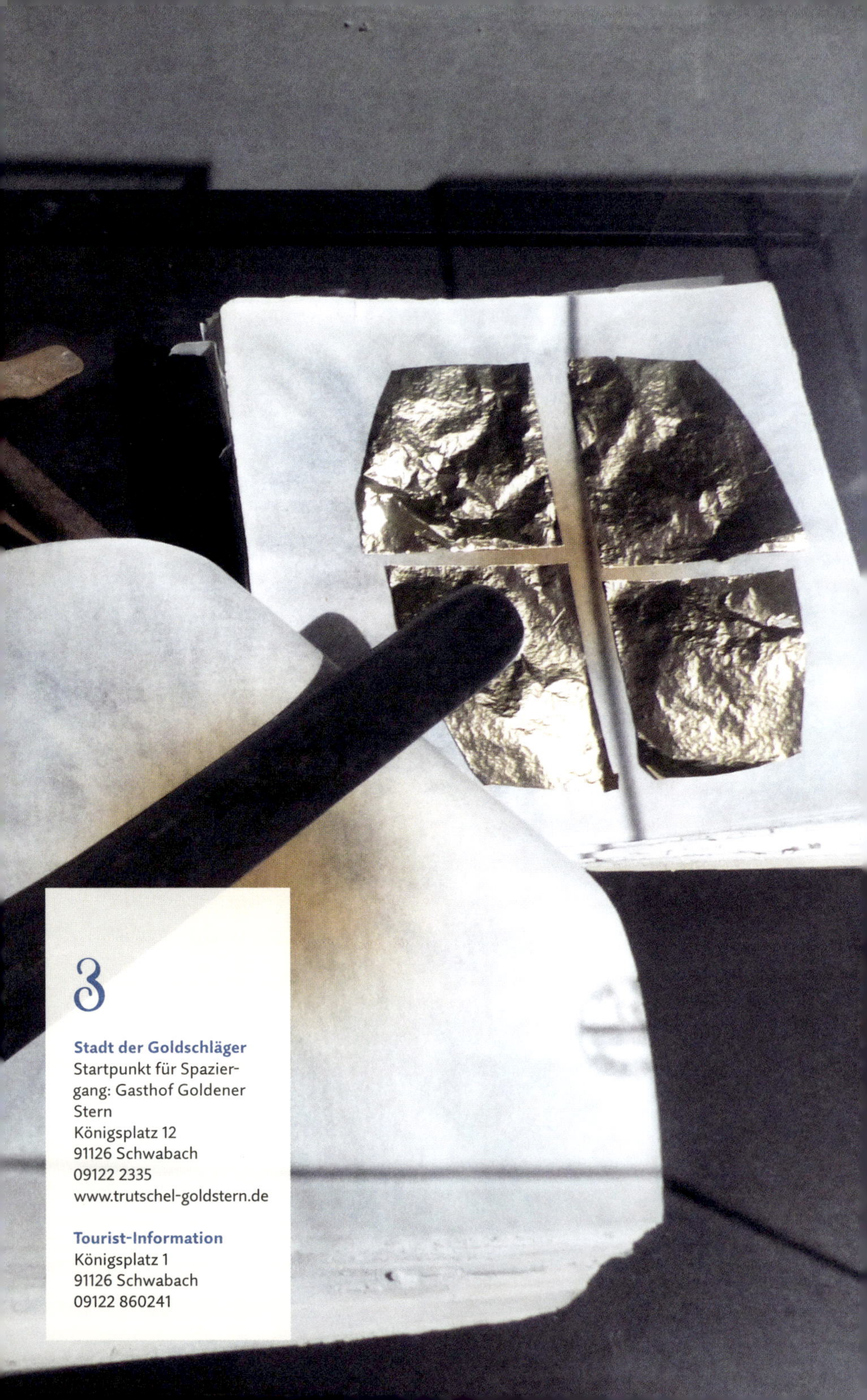

3

Stadt der Goldschläger
Startpunkt für Spaziergang: Gasthof Goldener Stern
Königsplatz 12
91126 Schwabach
09122 2335
www.trutschel-goldstern.de

Tourist-Information
Königsplatz 1
91126 Schwabach
09122 860241

Goldig, oder?!

Stadt der Goldschläger

Wenn wir wieder mal Goethe lesen, um uns von Fitzek & Co zu erholen, bleiben wir immer gerne an seinem Goldsatz im *Faust I* haften. »Nach Golde drängt,/Am Golde hängt/Doch alles«, sagt da das Gretchen auf seiner Stube, singt und zieht sich aus. Und nachdem es Fausts Schmuckkästchen entdeckt und vor dem Spiegel stehend eine Kette angelegt hat, fügt es das Entscheidende hinzu: »Ach wir Armen!« Soll wohl heißen: Mit unserer Gier nach Reichtum und Besitz sind wir doch bemitleidenswerte Kreaturen. Oder im Neusprech: »Arme Säue!« Andererseits ist das Gretchen spätestens an dieser Stelle der Verführungskunst des Doktor Faust erlegen und das Verhängnis nimmt seinen Lauf.

Daran musste ich denken, als ich kürzlich wieder in der *Goldschlägerstube* im *Goldenen Stern* im Goldschlägerstädtchen Schwabach war. Da blinkt und blitzt es von allen Seiten und selbst das fränkische Urgericht »Schäuferla« oder ein Steak kann man mit einer Blattgoldschicht bestellen, Franck Ribéry lässt grüßen.

Sehenswert ist aber nicht zuletzt die kleine Ausstellung zur Geschichte des Goldes in der *Goldschlägerstube*. Daraus geht hervor, dass das bestenfalls mittelgroße Schwabach (rund 41.000 Einwohner) in der Welt des Goldes eine herausragende Stellung hat. Das rührt von einem uralten Gewerbe: der Goldschlägerei. Sie kam im 16. Jahrhundert auf und gelangte zu Beginn des 20. Jahrhunderts nach Schwabach. 1927 gab es hier 130 Betriebe. Davon geblieben sind lediglich vier. Im Stadtmuseum und in der Schauwerkstatt gleich hinter dem Marktplatz finden regelmäßig Vorführungen statt. Da erfährt man auch, wo man Schwabacher Blattgold überall in der Welt sehen kann: im Buckingham Palast in London, an der Freiheitsstatue in New York, am Friedensengel in Berlin, am Palast des Sultans von Brunei, an den Goldkuppel-Kirchen in St. Petersburg – die Liste ließe sich noch lange fortsetzen.

Übrigens: Fünfzehnmal fällt das Wort »Gold« in diesem Text, die Überschrift nicht mitgerechnet. Goldig, oder?!

4

Kaiser Wilhelm
Fichtestraße 2
91054 Erlangen
09131 9171077
www.kw-erlangen.de

Schnitzel und Seminarkritik

Studentenlokal *Kaiser Wilhelm*

In den *KaWe,* wie unser Stammlokal *Kaiser Wilhelm* unweit der Uni damals nur hieß, gehe ich noch heute wie in einen Seminarraum. So vertraut ist er, so selbstverständlich, so voller Erinnerungen. Ein großer Teil unseres Studiums fand hier statt. Wie oft landeten wir nach einer Sitzung (berüchtigt waren die Linguistik-Veranstaltungen, ich sage nur: Watzlawick und Wittgenstein) in der Kneipe, um bei Bier, Schnitzel und Bratkartoffeln über das Seminar zu schimpfen und unseren Frust abzubauen. Sie war unsere Sozialstation, unsere Reha, ohne dass wir es so recht wussten. Samstag ab sechs war immer *KaWe*-Zeit. Dann traf sich die Studenten-Clique hier, um die *Sportschau* und Heribert Faßbender (»Guten Abend, allerseits!«) zu gucken, zu Hause hatten ja die meisten keinen Fernseher.

Auch bei Europa- und Weltmeisterschaften war die Kneipe bevorzugte Anlaufstation und war stets proppenvoll. Bestellen konnte man nur vor Spielbeginn, der Fernseher stand hoch oben in der Ecke auf einer Konsole. Während das Spiel lief, wurde das Licht gelöscht und der Thekenbetrieb eingestellt. Wenn viel los war, kamen manche durch die Fenster rein und raus. Einmal auch bei geschlossenem Fenster – die Scheiben klirrten, und in der Kneipe gab es ein Riesenhallo. Die Wirtin: not amused, aber schon beim Aufkehren. Für alle, die dabei waren: Einer der Höhepunkte, die man nicht vergisst.

Ein anderer waren die Kommentare aus der Anonymität der abgedunkelten Kneipe. Gehässig, bissig, witzig. Bevorzugte Zielscheiben: Gerd Rubenbauer (BR) und Wolf-Dieter Poschmann (ZDF). Hätten sie gehört, wie im *KaWe* über sie gelästert wurde, sie hätten den Beruf gewechselt. »Nachtwächter«, »Blinder« und »Dilettant« waren noch die milderen Ausdrücke. Schließlich saßen nur Experten vor dem Schirm, das war schon damals so. Deshalb war auch die Stimmung immer wie im Stadion selbst. Fiel ein wichtiges Tor, bebte die Kneipe. Das Bier floss in Strömen und die Küche hatte Großeinsatz.

Ja, im *KaWe* lernten wir fürs Leben. Es war angewandte Linguistik. Wittgenstein hätte es gemocht.

5

Schloss Thurn und Taxis
Emmeramsplatz 5
93047 Regensburg
www.thurnundtaxis.de

UND AB GEHT DIE POST!

Schloss Thurn und Taxis

Man sah sie in trauter Zweisamkeit mit dem Kunstfälscher Wolfgang Beltracchi. Fürstin Gloria von Thurn und Taxis saß ihm im Ballsaal von Schloss St. Emmeram Modell. Für eine »Vorstudie«, wie es hieß, ganz im Stil von Lucas Cranach, dem Älteren, den Beltracchi natürlich auch »draufhat«, neben all den anderen, versteht sich.

Der Kultursender *3sat* zeichnete das Ganze auf und wieder einmal bewies die Fürstin ihr Talent als schrill-schräge Selbstdarstellerin, die sich spielend über die Leitsätze der Political Correctness hinwegsetzt. Am Ende landete sie noch einen besonderen Coup: Sie male auch selbst, erzählte sie und hielt ein paar Bilder, die zwar keine echt gefälschten Beltracchis waren, aber auch nicht ganz schlecht, stolz in die Kamera. So ist es immer bei ihr: Sie ist gerne am Boulevard und in seinen Untiefen unterwegs, tut es aber mit einer Selbstverständlichkeit, die ihr weithin Sympathie einträgt.

Und ein bisschen Charme und Chuzpe kann das altehrwürdige Adelsgeschlecht derer von Thurn und Taxis, das zu Regensburg gehört wie der Dom und die Donau, durchaus vertragen. Seit dem 12. Jahrhundert taucht die in den Hochadel aufgestiegene Dynastie in der Lombardei und im Vatikan auf und nimmt schnell eine beherrschende Stellung im europäischen Postwesen ein. Auch Kaiser Maximilian I. sichert sich die Dienste der Thurn und Taxis und überträgt ihnen das Amt des Prinzipalkommissars (Vertreter des Kaisers beim Immerwährenden Reichstag in Regensburg). Diese Aufgabe führt sie nach Deutschland und 1748 nach Regensburg. Zur Post kommen bald Brauereien und andere Unternehmen hinzu. Heute gilt die Familie Thurn und Taxis als größter privater Grundbesitzer in Deutschland. Mit diesem Polster im Rücken kann man sich auch die eine oder andere Sottise leisten. So dürfte Fürstin Gloria auch mit ihrem Spruch »Die Schwarzen schnackseln gerne« zum Sexualverhalten in Afrika unsterblich geworden sein.

6

Klöppelmuseum Abenberg
Burgstraße 16
91183 Abenberg
09178 90618
www.museen-abenberg.de

Filigran verbunden

Klöppelmuseum auf der Burg

1977 war es, da kam der Film *Die Spitzenklöpplerin (La dentellière)* des Schweizer Regisseurs Claude Goretta mit der damals noch jungen Isabelle Huppert in die Kinos. Er erzählte vom Leben der scheuen Beatrice, die unter ihrer Unscheinbarkeit leidet und darunter, übersehen zu werden. Vor allem von Männern, aber auch von ihrer Umgebung insgesamt. Sogar von ihrer Freundin Marylène, die in einem gemeinsamen Urlaub einen Amerikaner kennenlernt, zu dem sie sofort in die Wohnung zieht. Beatrice bleibt allein zurück, traurig wie immer.

Mit diesem Film geriet das altehrwürdige Kunstgewerbe des Klöppelns (dessen Ursprünge wahrscheinlich im Italien des 16. Jahrhunderts liegen) wieder ins Scheinwerferlicht der Öffentlichkeit. Und das, obwohl es auf der Leinwand nur die Funktion einer Kulisse übernahm, weil Beatrice eigentlich als Friseurin arbeitet. Doch die Sorgfalt und Intensität, mit der sie lebt, erinnerte an das Klöppeln, an die dafür erforderliche Achtsamkeit und Ausdauer.

Wer die Burg Abenberg in Mittelfranken besucht, nicht weit von Schwabach, taucht noch mal in Gorettas Melodram ein. Ein Klöppelmuseum gibt es hier, eine Klöppelschule und einen rührigen Verein, der die Kunst des Klöppelns mit Festen, Workshops und allerlei anderen Aktivitäten weiterträgt. Immer wieder faszinierend für den Besucher: die quasi meditative Versenkung, mit der die mindestens vier, meist aber mehr Klöppel in zwei Grundbewegungen am Klöppelkissen gekreuzt und gedreht werden. Wie ein geheimnisvoller Tanz funktioniert das Ganze. Am Ende bleibt ein aus Seidengarn, Baumwolle, Leinen oder sogar aus Metallfäden gefertigtes Kunstwerk. So ist es auch in Jan Vermeers berühmtem Gemälde *Die Spitzenklöpplerin*, das Ende des 17. Jahrhunderts entstand und heute im Louvre in Paris hängt.

Viel wichtiger ist aber beim Klöppeln: Es trägt zu innerer Ruhe und Sammlung bei. Dies gilt insbesondere für das Klöppelmuseum auf der Burg Abenberg.

7

Gasthaus Bratwurst-Glöckle
Uzstraße 4
91522 Ansbach
0981 4661111
www.bratwurst-gloeckle.com

EINMAL RETRO, BITTE!

Gasthaus *Bratwurst-Glöckle*

Das Gasthaus *Bratwurst-Glöckle* in der Ansbacher Altstadt zwischen Residenz und Markgrafenmuseum ist aus der Zeit gefallen, eine Enklave. Gleichsam in eine Biedermeierwelt, Spitzweg lässt grüßen, tritt man unter Gebimmel ins Lokal. Oder soll man besser sagen: in den Trödelladen mit integrierter Bratwurstküche. Wie auch immer: Mehr Tapetenwechsel, mehr Paradigmenwechsel geht, mehr Distanz zum Zeitgeist geht nicht.

Hier ist irgendwann die Zeit stehen geblieben. Der alte Bauernschrank, die Schreibmaschine, der weiß geflochtene Nachkriegskinderwagen, die Puppen, die Weinkrüge aus Ton, Omas verschnörkeltes Meißner Porzellan, die Standuhr, der Kinderkaufladen, die von der Decke hängende Straßenbahn: Es ist alles da für eine ausgedehnte Zeitreise.

Bereits im Jahr 1540 gab es die erste urkundliche Erwähnung. Gut möglich, dass es sich hier auch die Markgrafen von Ansbach gut gehen ließen, residierten sie doch praktisch um die Ecke. Auch das Rathaus war nicht weit und mit ihm die Stadträte. Die Bezeichnung »Ratsstube«, die eine Zeit lang für das *Glöckle* benutzt wurde, sagt einiges über die Gäste aus. Dazu Militär und Geistlichkeit und all jene, die sie im mittelalterlichen Ansbach besuchten. Eine geschlossene Gesellschaft mit festen Regeln. Wer sie nicht einhielt, musste damit rechnen liquidiert zu werden wie der unselige Kaspar Hauser, der in der Nähe ermordet wurde und auf den man in Ansbach auf Schritt und Tritt stößt. Auch im *Glöckle* hat er einen Ehrenplatz erhalten.

Zu essen gibt es eine herzhafte, bodenständige Kost. Im Mittelpunkt sind, logisch, die Bratwürste. Die bekommt man sogar in panierter Form. Wiener-Schnitzel-Bratwürste sozusagen. »Solides, gutes Essen«, schrieben sie in einem Bewertungsportal. Oder wie der Franke zu sagen pflegt: »Basst scho!«

8

Casino Wirtshaus
Schrannenplatz 8
92224 Amberg
09621 22664
www.casino-wirtshaus.de

Gotteslob und saure Zipfel

Casino Wirtshaus

Auf dem Land war es in Bayern lange Zeit so Brauch: Man ging am Sonntag in die Kirche und danach ins Wirtshaus oder gleich ins Wirtshaus. Das war für die Agnostiker und Atheisten. Sie alle kannten damals die Amberger Lösung noch nicht. Die befindet sich mitten in der Stadt am Schrannenplatz und sieht so aus: Wirtshaus und Kirche sind eins, das *Casino* macht es möglich. In dem einstigen Franziskanerkloster ist neben dem Stadttheater auch das Wirtshaus untergekommen, große Teile des früheren Kirchenschiffs und ein schönes, bemaltes Kirchenfenster am Ende der Wirtsstube zeigen es deutlich. Der ehemalige Chorraum ist zum gemütlichen Gasthaus mit großen Holztischen aus Ahorn, Jugendstil-Lampen und Wandvertäfelungen geworden.

Der Name kommt vom nahe gelegenen Offizierscasino, das nach Ende des Zweiten Weltkriegs fest in der Hand der Amerikaner war. Sein guter baulicher Zustand ist aber nicht zuletzt das Verdienst einer 200 Jahre alten Kulturvereinigung Amberger Bürger, die das Andenken an die stadtgeschichtliche Kuriosität wachhielt.

Heute wird es von Hans Graf und seiner Schwester Evi bewirtschaftet. Hans Graf war ursprünglich Rechtsanwalt mit Schwerpunkt Strafrecht in Nürnberg. Mit Anfang 50 hat er sich beruflich völlig neu orientiert, wurde Wirt, später zudem noch Koch und macht nie den Eindruck, es irgendwie zu bereuen. Statt in der Kanzlei ist er jetzt in der Küche und zaubert regional bodenständiges Essen aus den Töpfen. So die sauren Zipfel in einem herrlichen Essig-Wein-Zwiebel-Sud – zusammen mit einem fränkischen Silvaner – einfach zum Reinsetzen! Auch die Krautwickel, die Leber mit Zwiebeln und Äpfeln sowie die Nierchen in Senf-Sahnesauce erfreuen sich großer Beliebtheit.

Vom »Urtyp eines Wirtshauses« sprach die Süddeutsche Zeitung. Wir sagen nur: Prost, Mahlzeit!

9

FC Bayern Erlebniswelt in der Allianz Arena
Ebene 3
Werner-Heisenberg-Allee 25
80939 München
089 69931222
www.fcbayern.com

Die roten Hosen

FC Bayern Erlebniswelt in der Allianz Arena

Der FC Bayern ist ein Biotop für die Legendenbildung. Hier blühen und gedeihen sie, hierher pilgern die Fans in der Hoffnung auf ein bisschen Glanz, der auf sie abfällt. Das Altötting des Fußballs. Kürzlich erst war es Gerd Müller, die Tormaschine der 70er- und 80er-Jahre, die zum Thema des, ganz nebenbei, lesenswerten Buches von Hans Woller *Gerd Müller oder Wie das große Geld in den Fußball kam* wurde. Dann war es Sepp Maier, der seinen 75. Geburtstag feierte, und Kaiser Franz sorgt sowieso immer für Schlagzeilen, wenn auch zuletzt für weniger erfreuliche.

Damit nicht genug: Uli Hoeneß und Karl-Heinz Rummenigge kann man regelmäßig im Stadion sehen (und ihre jeweils aktuelle Gefühlslage dazu); aber auch den Paul Breitner, den Klaus »Auge« Augenthaler, den Hans-Georg »Katsche« Schwarzenbeck, den Franz »Bulle« Roth und andere Idole von einst. Seit Kurzem wieder mit dabei: Giovane Élber, der Ex-Torjäger von vor ein paar Jahren. Mit einem Wort: Der Zirkus FC Bayern funktioniert und ist immer für ein paar unterhaltsame Stunden gut. Oder wie es Thomas Müller bei einer Pressekonferenz so schön formulierte: »Durchs Reden kriegen wir eh keine Punkte. Deshalb ist es auch egal, was ich hier sage.«

Mit der Allianz Arena in Fröttmaning vor den Toren Münchens hat man vor ein paar Jahren ein standesgemäßes Stadion hingeklotzt, ersonnen vom berühmten Schweizer Architekturbüro *Herzog & de Meuron.* Neben der Säbener Straße ist es zugleich die aktuelle Heimstatt der Weltmarke FC Bayern geworden, pro Jahr von mehr als 350.000 Gästen aus aller Welt besucht.

Im Mittelpunkt stehen natürlich das Stadion, die Mannschaftsräume, das sogenannte Entmüdungsbecken, in dem die Spieler wieder »runterkommen« von ihrer Höchstleistung, der VIP-Bereich, der Saal für die Pressekonferenzen, die Technikzentrale, die Logen, die man mieten kann (und die teilweise von Generation zu Generation vererbt werden). Ein Teil unter vielen ist die FC Bayern Erlebniswelt mit ihren Ausstellungen und Filmen, den Pokalen und der Hall of Fame,

Wo FC Bayern draufsteht, ist auch FC Bayern drin

wo sich zuletzt Phillip Lahm verewigen durfte; das Restaurant *Gisela* (so hieß auch das erste Vereinsheim), der Fanshop, die Räume für die Kindergeburtstage sowie – für viele das Sahnehäubchen überhaupt – der Rundgang durch die gesamte Anlage, Arena-Tour genannt.

Also, nix wie rein ins Vergnügen! In die Mia-san-Mia-Kathedrale! In die eine Herzkammer des deutschen Fußballs! (Die andere ist vielleicht in Dortmund, aber, Borussen-Fans aufgepasst, da kommen uns schon Zweifel.) Die Besichtigung beginnt mit einer Überraschung. Zur Führung empfängt uns eine junge, blonde Dame mit Namen Hoeneß, Sabine Hoeneß, um genau zu sein. Rein altersmäßig könnte sie eine Tochter oder Enkelin von Uli Hoeneß sein, aber warten wir's ab. In jedem Fall, so viel schon mal vorab, ist sie die Projektleiterin der Erlebniswelt, die, wie sie erzählt, auf Drängen der Fans realisiert wurde.

Außerdem ist sie natürlich Expertin in Sachen FC Bayern. Sie weiß Dinge, die sonst kaum eine(r) weiß. Oder haben Sie schon mal von einem Stadion an der Leopoldstraße gehört, in dem der FC Bayern von 1907 bis 1925 spielte? Eben. Den ersten Titel holte der 1900 gegründete Verein, der aus dem *Männerturnverein München*

1879 hervorging, aber erst im Jahr 1932. Es war die Deutsche Pokalmeisterschaft. Zu sehen sind auch ein paar Körbe mit Kartoffeln, die die Spieler zu dieser Zeit als »Gehalt« bekamen. Inzwischen sind daraus höhere Millionenbeträge geworden. So soll Franck Ribéry bereits 2016 die nette Aufwandsentschädigung von 8,32 Millionen Euro vom FC Bayern bekommen haben. Da kann man sich schon mal ein goldenes Steak leisten.

Und schließlich die Momente, die man nie mehr vergisst. Die »Gänsehautmomente«, wie Sabine Hoeneß sagt. An erster Stelle, klar, die Niederlage im Champions-League-Endspiel »dahoam« 2012 in der Allianz Arena gegen den FC Chelsea. Nach Elfmeterschießen gewannen die Engländer mit 4:3. Bastian Schweinsteiger war zum letzten und entscheidenden angetreten, doch Petr Čech, der Teufelskerl im Tor des FC Chelsea, lenkte den Ball gegen den Pfosten. Eine große Reaktion, aber auch großes Glück für die Briten! Auf der anderen Seite: Fassungslosigkeit und Tränen, Unverständnis und Zweifel am Fußballgott. Wie konnte das passieren! Eine Art Staatstrauer zog über München, Bayern und Fußball-Deutschland insgesamt hinweg.

Dagegen die unzähligen Glücksmomente. Die Meisterschaften, das Triple im Jahr 2011 mit Trainer Jupp Heynckes, die Auftritte auf dem Rathaus-Balkon, eine jubelnde Masse unten auf dem Marienplatz. Mit 2:1 gegen den Erzrivalen Borussia Dortmund hatte der FC Bayern die Champions League gewonnen, und das an historischer Stätte im altehrwürdigen Wembley-Stadion. Der unglaubliche Arjen Robben hatte einen seiner großen Abende und erzielte das entscheidende Tor. »Mia san the Champions«, lautete fortan der Schlachtgesang der Fans. Zugleich war es der Höhepunkt der Vereinsgeschichte und bleibt bis dato unerreicht.

Und nun die Auflösung zu unserem Quiz: Ja, Sabine Hoeneß ist die Tochter von Uli Hoeneß.

10

Nachtwächterführung
Startpunkt: Münster
St. Georg
Altrathausplatz 2
91550 Dinkelsbühl

Touristik Service Dinkelsbühl
Altrathausplatz 14
91550 Dinkelsbühl
09851 902440
www.tourismus-dinkels-
buehl.de

»Hört, ihr Leut', und lasst euch sagen …«

Stadtrundgang mit dem Nachtwächter

Unser Nachtwächter, Schreiner im Hauptberuf, jetzt aber hier als Nachtwächter, singt zum ersten Mal sein Nachtwächterlied, am Ende des Rundgangs wird er es rund ein Dutzend Mal gesungen haben. Er steht am Münster, umringt von einer Besuchergruppe mit Schirmen, und seine Stimme klingt noch etwas verschlafen, wird aber bald hell und klar. Er trägt einen alten Schlapphut, einen grünen Umhang, Kniestrümpfe und festes Schuhwerk, das sich einigermaßen mit dem Kopfsteinpflaster verträgt. Dazu hat er eine Hellebarde, ein Horn und eine Laterne mitgebracht. Die zweistündige Reise ins Mittelalter kann beginnen.

Erste Station ist das *Deutsche Haus,* ein Hotel und Restaurant mit prächtiger Fachwerk-Fassade aus dem 15. Jahrhundert. Der Stadtführer singt wieder sein Lied und stößt dann dreimal ins Horn. Eine Traube an Gästen kommt heraus und zückt die Handys; dahinter, so will es der Brauch, der Wirt mit ein paar Schnitt Bier oder Wein. Es ist seit alters her der Dank dafür, dass der Nachtwächter seinen Rundgang macht und sich um Recht und Ordnung kümmert.

Er musste vor allem die Bürger vor nahenden Feinden und Feuer im Innern warnen. Auch die Wachen auf den 14 Türmen hatte er zu kontrollieren, dass sie nicht einschliefen. Um zwei Uhr weckte er die Bäcker, um drei Uhr die Metzger, beide begannen danach ihr Tagewerk. In der Gruppe vernimmt man's mit Schaudern.

Wir sind jetzt am Spital, einem wuchtigen Sandsteinbau mit Mühlrad und ehemaliger Färberei im Innenhof. Gestiftet um 1280, dient es mittlerweile als Altersheim. Gleich nebenan die Spitalkirche und ein Friedhof. Die Wege waren kurz zu jener Zeit, unnötige Transporte galt es zu vermeiden.

Zurück zum Rundgang. Das beste Bier gibt es eindeutig im *Weib's Brauhaus.* Es liegt im hinteren, dunkleren Teil der Stadt, abseits der Dr.-Martin-Luther-Straße, Dinkelsbühls Hauptschlagader am Münster vorbei. Wieder singt unser Nachtwächter sein Lied und bläst ins Horn, wieder kommen sie heraus mit ihren Krügen, wieder prosten sich Gäste und Rundgänger kurz zu und reden ein wenig miteinander. Das Bier schmeckt würzig und edel zugleich und ein bisschen so, als lägen die Schweden noch draußen vor der Stadtmauer und könnten gleich kommen. Mit dem entsprechenden Quantum Alkohol im Blut würde man es locker mit ihnen aufnehmen. Bier trinken und raufen, das gehörte oft zusammen in der guten alten Zeit, die in aller Regel eine brutale war.

Ein Dinkelsbühler Stadttor im Scheinwerferlicht

Davon zeugt auch der ehemalige Kornspeicher, der 1508 gebaut wurde und jetzt als Jugendherberge dient. Mit einigem Komfort, notabene, wie Einzelzimmern, WLAN und Räumen zum Feiern. Sogar geheiratet werden kann hier. Man kann den Seminarraum Wörnitztor mieten, der 60 Gästen Platz bietet. Die denkmalgeschützte Kulisse gibt's gratis dazu. Ursprünglich standen hier sogar drei Kornspeicher. Da hortete die Stadt ihre Vorräte, wenn es mal nicht so spaßig zuging in der Welt. Inzwischen ist das mächtige Gebäude mit seinen vier Stockwerken auch Zeughaus für *Die Kinderzeche,* einem alljährlichen Sommerspektakel aus der Geschichte Dinkelsbühls. Dazu an anderer Stelle mehr.

Wir sind schon wieder unterwegs durch die schummrigen Gassen des Städtchens, das unlängst erst seinen touristischen Ritterschlag erhielt, als ihm das Magazin *Focus* den Titel »Schönste Altstadt Deutschlands« verlieh. Ob danach die Auflage in Dinkelsbühl stieg, ist nicht bekannt. Aber ein hübscher Werbegag ist es allemal, der Magistrat hat ihn sogar auf die Ortsschilder setzen lassen und auf die unzähligen Flyer sowieso. Endlich mal etwas, das Rothenburg, der Erzrivale an der Tauber, nicht hat. Darauf ein *Weib's-Bräu,* jawoll!

»Wenn bei einem Lokal die Lichter am Eingang aus sind, weiß ich, der Wirt will heute seine Ruhe haben, es gibt kein Bier, keinen Wein«, erklärt der Nachtwächter gerade an unserer nächsten Station. »Ich tute dann nur zweimal, dann weiß er Bescheid.« So viel zu den Kommunikationssystemen im Mittelalter.

Nun geht's hinaus aus der Stadt auf die sogenannte Insel, einem Stück Land zwischen Wörnitz und Stadtgraben. Hier fanden früher beliebte Open Airs statt. Die Band Jethro Tull und Ian Anderson mit seiner Querflöte waren zu hören, Fiddler's Green und andere. Inzwischen hat die Heavy-Metal-Szene die Sache übernommen und mit der Lauschigkeit ist es vorbei. *Summer Breeze* heißt es jetzt, ist eine Art *Kinderzeche* für die etwas Älteren und lässt jedes Jahr gut 40.000 Fans auf die Dinkelsbühler Wiese pilgern. »Geile Atmosphäre, geile Bands, geile Leute«, tippen sie dann in ihre Smartphones und überschlagen sich fast vor Glück.

Apropos *Kinderzeche:* Sie ist die Attraktion des gut 11.000 Einwohner zählenden Städtchens schlechthin. Zuverlässig bringt sie jeden Sommer etwas urbanes Chaos in den Ort – und Touristen, die so froh sind, noch ein Bett zu kriegen, dass sie praktisch jeden Preis dafür zahlen. Im Kern geht es bei der *Kinderzeche* um eine (unbelegte) Geschichte aus dem Jahr 1500, als die Schweden Dinkelsbühl belagerten und der Ort nur dank des Verhandlungsgeschicks seiner Kinder (und des Kindermädchens Lore) überlebte. Heute ist die *Kinderzeche* Dinkelsbühls wichtigstes Fest, eine Art Stadtgeburtstag, Volksfest und Gründungsmythos zugleich. Seit 2016 steht es auf der Liste des Immateriellen Kulturerbes der Bundesrepublik Deutschland.

Wir sind wieder am Ausgangspunkt angelangt. Unser Spaziergang durch das nächtlich-romantische Dinkelsbühl ist zu Ende. Zum letzten Mal hören wir das Nachtwächterlied, die zweite Strophe bleibt im Gedächtnis haften: »Menschenwachen kann nichts nützen;/ Gott muss wachen, Gott muss schützen./Herr, durch deine Güt und Macht/gib uns eine gute Nacht!«

Gute Nacht!

11

Haus der Bayerischen Geschichte
Donaumarkt 1
93047 Regensburg
0941 598510
www.museum.bayern

EIN GROSSES HAUS, NUR LEIDER ZU KLEIN

Museum für Bayerische Geschichte

Erst der Löwe, dann die Schnecke, dann die Katze von Anzing. So wurde, die Älteren werden sich erinnern, der Maiers Sepp genannt, seines Zeichens ehemaliger Nationaltorwart, vor allem aber Gaudibursch im Tor des FC Bayern München, der schon mal nach einer Ente hechtete, die sich in seinen Strafraum verlaufen hatte.

So viel zur Legende Sepp Maier, denn dieses Haus der Bayerischen Geschichte feiert seine Legenden. Phillip Lahm hat ebenso seinen Auftritt wie Christian Stückl, der Intendant des Münchner Volkstheaters, oder Karl Valentin und Liesl Karlstadt. In der Eingangshalle freilich begrüßt zunächst der mächtige Löwenbräu-Löwe vom Oktoberfest den Besucher, hebt den Schweif, brummt in vier Metern Höhe was in sich hinein und leert eine Maß. Als Vorspiel, sozusagen: »'etz samma drin!«

Anschließend beginnt der Rundgang und er beginnt langsam, sehr langsam. Nicht viel schneller als eine Schnecke kriecht die Rolltreppe von Etage zu Etage. Entschleunigung also, lento, lento, wir haben verstanden. Geschichte passiert nicht von heute auf morgen, schon gar nicht in Bayern. Wenn's einen Leitgedanken gibt in diesem schönen, vielleicht etwas zu kühlen Haus, dann diesen: Einfach mal schauen in aller Ruhe und Konzentration, auf welchen Grundfesten dieser Freistaat eigentlich ruht. Außer dem unerschütterlichen »Mia san mia«, einem ausgeprägten Traditionsbewusstsein und der liberalitas bavariae natürlich. »Ein Ort der bayerischen Selbstvergewisserung« sei dieses Museum, befand die Presse anlässlich der Eröffnung, und wer wollte, konnte da auch milden Spott heraushören.

Gut 200 Jahre liegen vor uns, von der Gründung um 1800, als Bayern Königreich wurde und Napoleon es mit gar nicht so friedlichen Absichten besuchte, bis in die Gegenwart, ja, gar in die Zukunft des Jahres 2025. In neun »Generationen«, so die nur halb geglückte Vokabel der Ausstellungsmacher, wird die Geschichte Bayerns präsentiert. Auf 30 Bühnen sind kulturgeschichtliche Schlüsselereignisse nachgebaut, von Ludwig I. über Ludwig II. bis zu Franz Josef Strauß, der kein König mehr war, aber irgendwie eben doch.

Die Altstadt im Spiegel des neuen Museums

In ein paar ausgewählten Redeschnipseln ist er zu sehen, und trotz der zeitlichen Distanz wirkt er farbiger und präsenter als so manche seiner Erben. 1988 war er, von einem ausgedehnten Oktoberfestbesuch mit Bier und Hendln kommend, ganz in der Nähe von Regensburg bewusstlos zusammengesackt, nachdem er seinen Hubschrauber verlassen hatte, um an einer Jagd der Thurn und Taxis teilzunehmen. Eine Notoperation blieb ohne Erfolg, Strauß starb wenig später und bekam ein Staatsbegräbnis in der Münchner Residenz. Ein durchaus eines Monarchen würdiges Ende.

Zurück zum Haus der Bayerischen Geschichte. Vieles daran ist vorbildlich, zum Beispiel die Museumspädagogik, die interaktiven Wahlmöglichkeiten in Sachen Landtag, auch die Oldtimer vom Goggomobil bis zum alten BMW schaut man gerne an. Ebenfalls gelungen das Spiel mit weiß-blauen Klischees und ihrem wahren Kern. In diesen Momenten zeigt sich das Museum von seiner ironischen, ja, selbstironischen Seite und es bekommt ihm gut.

Oft wird auch Überraschendes, Schräges, Widersprüchliches kombiniert. So etwa ein riesiger Scheinwerfer mit einer Trachtengruppe aus Altbayern. »Das haben wir absichtlich so gemacht«, erklärt der gemütliche Hausherr Richard Loibl beim Rundgang. »Bei der Weltausstellung in Chicago 1893 war der Scheinwerfer eine absolute Weltneuheit, hergestellt von der Firma Schuckert in Franken, und dann kommt das Tegernseer Volkstheater und füllt in Chicago das größte Theater der Welt mit 5.000 Plätzen.« Loibl ergänzt: »Das ist ja unser Konzept, Tradition und Moderne, und das haben wir, glaub ich, auf dieser Bühne spektakulär ausgestellt.«

Ein weiteres Prinzip dieses Museums ist: Pars pro Toto. Jeweils ein Glanzlicht steht für eine ganze Sparte, das gelingt manchmal und manchmal eher nicht. Gerade im Bereich Theater ist das Ergebnis eher kümmerlich – und münchnerisch-zentralistisch sowieso.

Kein Wunder, dass es Zoff gab, kaum hatte das Haus seine Pforten geöffnet. »Ein Landesmuseum zum Jodeln« sei das, mäkelten die Nürnberger Nachrichten angesichts der fränkischen Unterrepräsentanz. Assistiert wurden sie vom Historiker Wolfram P. Kastner vom Institut für Kunst und Forschung in München. Etwas viel *Fastnacht in Franken,* dazu Söder'sches Faschingskostüm, dafür etwas wenig Graf von Montgelas, der immerhin als Begründer des modernen Bayern gilt.

»Eine Touri-Bude« sei das, schimpfte der Historiker, »schlecht gemacht, unübersichtlich, lückenhaft und teilweise historisch falsch«, und gab die Note fünf.

Nun könnte man natürlich hämisch einwenden, dass man für 100 Millionen Euro auch nicht die Welt erwarten kann. Richtig daran ist immerhin so viel, dass die 2.500 Quadratmeter für die Dauerausstellung im zweiten Stock mit ihren rund 1.000 Exponaten bei Weitem nicht ausreichen.

Bleibt die teils spektakuläre Architektur, die dem Besucher nicht nur einen wunderbaren Panoramablick auf die Donau sowie auf Dom und Altstadt gestattet, sondern der auch ein überraschend leichtes, lichtdurchflutetes, offenes Haus gelungen ist. Mit viel Weiß, hellem Grau, Terrazzoböden und einem Glasdach. Unter Leitung des hessischen (!) Büros *wörner traxler richter* entstand ein Bau, dem alles Protzige fehlt (geradezu »schüchtern« sei er ausgefallen, befand die Süddeutsche Zeitung), der aber dennoch ein städtebauliches Ausrufezeichen setzt – und das in der UNESCO-Welterbestadt Regensburg.

12

Hofapotheke zum Schwarzen Adler
Residenzplatz 12
94032 Passau
0851 2408
www.hofapotheke-passau.de

Eine Salbe gegen jedes Wehwehchen

Hofapotheke zum *Schwarzen Adler*

Eine Apotheke ist kein Ort wie jeder andere. Eine alte Apotheke schon zweimal nicht. Und die älteste Apotheke in Bayern, die 2010 auch noch zur schönsten Apotheke Deutschlands gekürt wurde, hat mindestens den Rang einer Institution, eines Kulturdenkmals, wenn nicht mehr. 1384 wurde sie zum ersten Mal urkundlich erwähnt; nachgewiesen ist zudem der eigene Brunnen im Keller, ohne den eine Apotheke früher nicht existieren konnte.

Seit 1753 ist die Hofapotheke *Zum Schwarzen Adler* im Familienbesitz der Zormaiers, in der achten Generation bereits. Mehr Tradition, mehr Solidität geht nicht. Eine Säule in der Stadtgemeinschaft ist dieses Haus am Residenzplatz zwölf, nur ein paar Schritte vom Passauer Dom entfernt, ein Gesundheitsanker, der die Zeitläufe und ihre Wechsel geradezu mühelos überdauert.

Wolfgang Zormaier ist in dem dreigeschossigen Barockhaus aufgewachsen. »Als kleiner Knirps war ich da schon unterwegs«, erzählt er, »hab die Schubkästen aufgezogen und die Geräte angeschaut, aber nie wirklich was angestellt.«

»Ein interessantes Gelände«, erinnert er sich. Auf alten Fotos ist zu sehen, wie er als Kind sein Umfeld zwischen den wuchtigen, dunkelbraunen Apothekerschränken erkundet. »Viel verändert hat sich hier nicht«, sagt der Inhaber und klingt sehr zufrieden, »die Einrichtung, der Fußboden, die Schränke, das ist alles gleichgeblieben.« Auch ein altes Arzneibuch ist erhalten, ein sogenanntes Manual mit Anleitungen für Rezepturen von Hühneraugentinktur, Hirnviehpulver, Blähsuchttropfen und anderem. Darin findet sich außerdem die Anleitung für eine Glifftschmier, eine Salbe gegen Schrunden und Hautverletzungen aller Art.

Mit so einer Apotheke um die Ecke lebt es sich, kein Zweifel, leichter.

13

Schönheitsfarm Gertraud Gruber
Berta-Morena-Weg 1
83700 Rottach-Egern
08022 2740
www.schoenheitsfarm-gruber.de

Schön, schöner, Beautyfarm

Schönheitsfarm Gertraud Gruber

Die schönste Anekdote gleich zu Beginn: Es ist schon ein paar Jährchen her, da war Loki Schmidt, die Ehefrau des damaligen Bundeskanzlers Helmut Schmidt, zu Gast auf der Gruber'schen Schönheitsfarm. Loki wohnte in einer Privatpension in Rottach-Egern, hatte sich aber gegenüber der Zimmerwirtin, einer resoluten Frau, nicht zu erkennen gegeben, wohl um Rummel zu vermeiden. Als nun der Helmut seine Loki sprechen wollte und in der Pension anrufen ließ, dachte die Zimmerwirtin, das könne nur ein Scherz sein, und legte kurzerhand auf. Wenig später klingelte es erneut: »Hier ist Bundeskanzler Helmut Schmidt«, sagte eine Stimme. »Und hier ist der Kaiser von China«, schrie die Zimmerwirtin und donnerte den Hörer auf die Gabel. »So ein frecher Mensch!«, soll sie noch gesagt haben.

Wir sitzen auf der Terrasse des Haupthauses in Gertraud Grubers weitläufigem Grundstück. Ein herrlicher Sommertag. Ringsum duftende Blumen und summende Bienen, Sonnenschirme, Liegestühle, weiter hinten das Josefi-Häusl und die Villa. Das Gelächter ist groß, als Elisabeth Eibl, die aktuelle Geschäftsführerin der Beautyfarm, die Geschichte erzählt. Und Loki Schmidt war nur eine von zahlreichen Prominenten, die sich hier aufhübschen ließen. Bibi Johns war hier, Uschi Glas, Senta Berger und viele andere. Eine illustre Klientel, die immer wieder kam. Vielleicht wäre sogar Michail Gorbatschow gekommen, dessen Grundstück ganz in der Nähe lag, wäre er als Mann bei der »Gruberin«, wie sie in Rottach-Egern schlicht heißt, nicht an der falschen Adresse gewesen.

»Wir haben schon öfter überlegt, auch Männer anzunehmen«, sagt Elisabeth Eibl, »wir sind aber immer wieder davon abgekommen.« So ist es beim exklusiven Frauenhaus geblieben, in dem Männer lediglich als Besucher willkommen sind.

Der Gruberin hat es nicht geschadet. Längst ist sie, die hier vor mehr als 60 Jahren die erste Schönheitsfarm Europas gründete, Ehrenbürgerin von Rottach-Egern. Bald feiert sie ihren 100. Geburtstag.

14

DB Museum Nürnberg
Lessingstraße 6
90443 Nürnberg
0800 32687386
www.dbmuseum.de

KLEINE BAHN, GANZ GROSS

Modelleisenbahn im DB Museum Nürnberg

Das Paradies liegt im ersten Stock und ist 80 Quadratmeter groß. 500 Meter Gleise sind aufgebaut, auf denen 30 Züge fahren, darunter ein ICE, ein Reisezugwagen, ein D-Zug, Dampfloks, Diesel- und Elektroloks, Triebwagen, das ganze Programm. Alles im Maßstab 1:87. Besser und übersichtlicher als im realen Bahnhof, der nur fünf Gehminuten weit weg ist von seinem kleinen Bruder.

Und wo befindet sich das Paradies? Man geht dazu ins DB Museum Nürnberg, gleich neben dem Staatstheater, lässt das Restaurant *Tinto,* den Edelspanier mit den Tapas und den samtenen Weinen, rechts liegen und findet es im ersten Stock in der Ecke hinten links. Man kann auch einfach den Kindern hinterhergehen, die hier immer unterwegs sind – den wirklichen und denen, die es mal waren und in ein paar Minuten wieder sein werden. Denn so eine Modellbahnanlage verjüngt gewaltig. Man kommt als alter Mann und geht als Bub. Fehlt nur, dass man das Ganze selbst steuern kann. Das aber hat im DB Museum der »diensthabende Fahrdienstleiter« übernommen, einmal in der Stunde führt er sein Wunderwerk vor. Dann rollen die Züge, werden die Weichen gestellt, beleben sich die Bahnhöfe, wird der Güterzug im Rangierbahnhof zusammengekoppelt und der Dampflokschuppen aktiv. Die Welt auf Gleisen ist zum Leben erwacht.

1882 wurde das DB Museum in Nürnberg gegründet, zeitgleich mit den Außenstellen in Koblenz und Halle, sodass es als ältestes Eisenbahnmuseum der Welt gilt. Nürnberg als Stadt des Spielzeugs und der ersten Eisenbahnverbindung in Deutschland zwischen Nürnberg und Fürth im Jahr 1836 war als Standort prädestiniert. Heute findet man hier ein Stück Eisenbahngeschichte, vom *Adler,* der ersten Dampflok in Deutschland, bis zum Designmodell des *ICE 4.*

Und nun: Bitte alle einsteigen und Türen schließen! Die Fahrt beginnt!

15

Kofferfabrik
Lange Straße 81
90762 Fürth
0911 706806
www.kofferfabrik.cc

Die »Koffer«: Wohnzimmer für alle

Szenekneipe *Kofferfabrik*

Für viele in Fürth ist sie das zweite Zuhause: die *Kofferfabrik,* in der Szene nur die *Koffer* genannt. Kneipe, Kulturladen und Kleinkunstbühne ist die *Koffer* in einem und das seit mehr als einem Vierteljahrhundert. Eine Fürther Institution wie der Sportpark Ronhof, der Stadtpark, die Kerwa oder das Theaterhaus *Comödie.*

Mit einem Angebot, sodass man kaum nachkommt: Sonntagsbrunch, Cannabis-Gruppe, Daggl-Disko (für alle Nichtfranken: das sind die Damen und Herren über 50), Poetry-Slam, Fahrradwerkstatt, nachspielen von *Wer wird Millionär?*, Theater- und Musikbühne (unter anderem für *Sechs auf Kraut,* die schlagfertige Impro-Theatergruppe), Brigitte Döring und Markus Nondorf haben hier inszeniert, die Fürther Stadtmeisterschaft im Tipp-Kick wird regelmäßig ausgetragen und vieles, vieles mehr. Ein Abend in der *Koffer* ist wie ein einziges großes Familientreffen. Nostalgiker sind ebenso dabei wie Newcomer und Neugierige, Leute aus der Szene mit Rastalocken ebenso wie Senioren mit Glatze oder lila Strähne im Haar, junge Spießer ebenso wie standhaft gealterte Spießer, Veganer wie Fleischfreunde: Die *Koffer,* das ist die Fürther Stadtgesellschaft unterm Brennglas.

Klar, ein bisschen ist alles auch abgeschaut von der lieben Nachbarstadt Nürnberg (an der Stelle kriegt jeder anständige »Färdder« einen Wutanfall!) und seinem Kulturladenkonzept. Mit ihm hatte Kulturreferent Hermann Glaser in den 1970er-Jahren die Kultur in die Stadtteile gebracht, ein damals unerhörtes Konzept, das den elitären Begriff der Hochkultur sprengte und um den basisdemokratischen Begriff der Alternativkultur erweiterte. Nürnberg wurde zum Vorreiter bundesweit und in Fürth hat man offenbar genau beobachtet, wie das funktioniert. Die Kofferfabrik ist dafür das beste Beispiel. Alltag und Kultur, das sind hier keine Gegensätze, hier haben sie fusioniert, zum Vorteil und zum Spaß für alle.

Die *Koffer* aber wird's noch lange geben. Sie verändert sich dauernd und sie verändert sich nie.

16

Museumsbahn durch die Fränkische Schweiz

Startpunkt: Dampfbahn
Fränkische Schweiz e.V.
Bahnhofsplatz 1
91320 Ebermannstadt
09194 725175
www.dampfbahn.net

»Die theatralische Reise«

Mit der Dampflok durch die Fränkische Schweiz

Es war einer der Höhepunkte im Jahr, auf den man sich schon lange vorher freute: Die theatralische Reise durch die Fränkische Schweiz von Ebermannstadt an der Wiesent entlang bis zum Zielbahnhof Behringersmühle. Organisiert wurde sie von der *Garage*, dem kleinen Off-Theater von Manfred Neu, Hannes Rossa und anderen, das damals mit spektakulären Inszenierungen von Gegenwartsstücken aufwartete.

Gott von Woody Allen, *Es war einmal* von Kurt Schwitters, Becketts *Letztes Band*, die Gastspiele von Tadeusz Kantor und seiner Krakauer Truppe – sie alle fanden nicht im barocken Markgrafentheater statt, sondern in der schummrigen *Garage* bei Bier, Schmalzbrot und furchtbar wichtigen Gesprächen. Die ehemalige Kutschenremise und Feuerwehrgarage, 1975 als Theater eröffnet, war für uns Studenten, aber auch für die Erlanger Szene insgesamt, eine feste Anlaufstation. Hier pulsierte das Leben, hier brannte an guten Abenden die Luft.

Und einmal im Jahr, meistens nach den Sommerferien, ging diese *Garage* dann auf Fahrt durch die »Fränkische«. Eine Jazzband war an Bord, Gaukler, Feuerschlucker, Jongleure, Clowns, Schauspieler und ein ganzer Zug voll Theaterenthusiasten. An ausgewählten Bahnhöfen wurde angehalten und ausgestiegen und dann gab's Musik und Theater vom Feinsten. Denkwürdig die Auftritte und Lesungen von Winni Wittkopp, dem Star und lange Zeit einzigen Schauspieler des *Garagen*-Ensembles. Unvergessen auch die Konzerte der Erlanger Jazz-Szene: Rainer Glas, Klaus Treuheit, Traugott Jäschke und viele andere.

Heute gibt's nur noch einen schwachen Abglanz davon: Die Museumsbahn Fränkische Schweiz. Sie fährt dieselbe Strecke, leider ohne Theater und Musik. Wir aber wollen unsere Gaukler und Clowns, die Schauspieler und den Mann am Bass mit seinem Schrumm-Schrumm wiederhaben.

Frau Intendantin, übernehmen Sie.

17

Oide Wiesn
(Mitte September – Anfang Oktober)
Theresienwiese
Bavariaring
80336 München
www.muenchen.de

Ein Prosit der Gemütlichkeit!

Oide Wiesn am Münchner Oktoberfest

»Wann wird es endlich wieder so, wie es nie war«, fragt der Schauspieler und Buchautor Joachim Meyerhoff in seinen gleichnamigen Lebenserinnerungen. Damit ist schon alles gesagt: Es war nie wirklich schön und es wird nie wirklich schön sein. Weil das aber für die, die es betrifft, kaum auszuhalten ist, gibt es Veranstaltungen wie die Oide Wiesn. Ein Oktoberfest, wie es nie war, eine nostalgische Fiktion, eine kindliche Träumerei.

Wie die neue Wiesn findet auch die oide im Herzen Münchens auf der Theresienwiese statt. Anders als die neue kostet sie aber Eintritt: Drei Euro zahlt man, dafür macht jede Runde mit den Fahrgeschäften nur noch ein Euro. Genau genommen war das früher nicht so, als noch die D-Mark regierte, doch ein bisschen schummeln wird ja wohl erlaubt sein. Schon duftet es herrlich nach Zuckerwatte, Popcorn und gebrannten Mandeln, Steckerlfisch und Grillhendln, Ochsenfetzn und gesalzenem Rettich. Dazu Maßkrüge, aus denen der Bierschaum kriecht. Und Weißbier natürlich. Gelegentlich auch ein Schoppen Wein, allerdings nur sehr gelegentlich, man ist schließlich nicht in Wien.

Aber besser erst in eins der etwas schraddeligen Fahrgeschäfte, nach dem Essen geht's vielleicht nicht mehr. Schiffschaukel, Kettenkarussell, *Calypso,* Riesenrad, Geisterbahn, Autoscooter, Achterbahn – es ist alles da. *Hau den Lukas, Dicke Berta* und eine alte Schießbude aus dem Jahr 1905 ebenfalls. Daneben dreht einem der *Billige Jakob* an, was man garantiert nicht braucht.

Eigentlich war die Oide Wiesn als einmaliges Ereignis geplant: 2010, als man 200 Jahre Oktoberfest feierte. Da fand sie aber solchen Anklang, dass sie seitdem immer dabei ist.

Sie ist für die älteren Semester die Gelegenheit, ein Bad in Kindheitserinnerungen zu nehmen, und für die jüngeren, etwas über die vordigitale Zeit und ihre Entschleunigung zu erfahren. Im alten Feuerwehrauto mit der großen Glocke ist noch ein Platz frei.

18

Fuggerei
Jakoberstraße 26
86152 Augsburg
0821 31988114
www.fugger.de

88 CENT JAHRESKALTMIETE

Stadtviertel Fuggerei

Es ist eine Stadt in der Stadt: die Fuggerei in Augsburg. Auf 15.000 Quadratmetern sind hier nach und nach 142 Wohnungen entstanden, alle zweistöckig für jeweils zwei Mietparteien, dazu eine Kirche, zwei Museen, ein Verwaltungsgebäude, schnurgerade Straßen und rechteckige Plätze. Von der Stadt Augsburg ist das Areal durch eine Mauer getrennt, um zehn Uhr abends schließen die Pforten. Dann ist endgültig Ruhe im Viertel, das bereits tagsüber eine Oase der Ruhe ist. Eine Idylle, begehbar, bewohnbar, unglaublich, auch und gerade für heutige Verhältnisse.

Was wie eine Arbeitersiedlung aus dem 19. Jahrhundert wirkt, wurde schon ab 1516 geplant und gebaut. Bedürftige katholische Augsburger, speziell aber Handwerker und Tagelöhner, sollten hier günstig wohnen können, für damals einen Rheinischen Gulden Kaltmiete im Jahr und drei Gebete am Tag. Letztere sollten nach den Vorstellungen des Gründers Jakob Fugger dem Seelenheil der Bewohner dienen. In der Regel hatten die Wohnungen eine Fläche von 60 Quadratmetern für zwei Zimmer, Küche und Bad.

Noch heute, mehr als 500 Jahre später, sind die Häuser in dieser ältesten Sozialsiedlung der Welt bewohnt. Überwiegend Singles, Alleinerziehende, Paare ohne Kinder und Verwitwete haben sie gemietet. Anders als im Altstadtkern von Augsburg ist für sie Gentrifizierung ein Fremdwort, denn sie zahlen nach wie vor eine Jahreskaltmiete von 88 Cent. »Wir können zwar nicht im Luxus leben, aber wir kommen gut über die Runden«, sagt eine aktuelle Bewohnerin. Mit ihren drei Kindern ist sie in der Siedlung untergekommen und schätzt Nachbarschaft und Zusammenhalt in ihrer Straße.

Jakob Fugger (1459–1525) galt zu seiner Zeit als der reichste Mann der Welt. Der Jeff Bezos des Mittelalters. Ob Königshäuser oder Hochadel, ob Kirche oder Mönchsorden, alle bestellten sie bei dem Augsburger. Bald erhielt er den Beinamen »der Reiche«, was ihn auch von seinen beiden Brüdern Ulrich und Georg unterschied. Zusammen kamen sie erst wieder in der Grablege in der Augsburger Fuggerkapelle St. Anna, wo sie bis zum heutigen Tag ruhen.

19

Königshaus am Schachen
Schachenweg 1
82467 Garmisch-Partenkirchen
www.schachenhaus.de

Informationen:
Schloss- und Gartenverwaltung Linderhof
Linderhof 12
82488 Ettal
08822 92030
www.schloesser.bayern.de

WO DER MÄRCHENKÖNIG GEBURTSTAG FEIERTE

Königshaus am Schachen

Ein König müsste man sein. Dann würde man auf einer Sänfte von vier schwitzenden Trägern getragen. Sogar auf den 1.866 Meter hohen Schachen bei Garmisch-Partenkirchen, wo sich die unbekannteste Immobilie von Ludwig II., dem legendären König der Bayern, befindet: das Königshaus. Ein Holzbau im Schweizer Chaletstil, erbaut von Georg von Dollmann, einem inzwischen weitgehend vergessenen Architekten. Immer zu seinem Geburtstag am 25. August, so wird erzählt, ließ sich der Märchenkönig zum Königshaus auf den Schachen tragen, genoss die Aussicht und feierte, in der Regel sehr einsam, seinen Geburtstag. Anschließend ging's mit den vier Trägern (oder in der Kutsche) zurück ins Tal. Heute versammeln sich hier alljährlich am 25. August Königstreue zu einer Gedenkmesse.

Beim Königshaus sprechen viele von einem »Jagdschloss«, was insofern falsch ist, als Ludwig II. die Jagd verabscheute und bei Anfällen von Martialität lieber Wagner hörte. Pompös ist auch die Ausstattung des Hauses. So ist das Türkische Zimmer im Obergeschoss ein Prunksaal im maurischen Stil, das einem Palastraum in Eyüp bei Istanbul nachempfunden wurde.

Im Ambiente von *Tausendundeiner Nacht* konnte sich der König hier wie in einer seiner geliebten Märchenwelten fühlen. Mitten im Raum plätscherte ein Springbrunnen, daneben befanden sich edle Teppiche, vergoldete Schnitzereien, luxuriöse Divane und Lüster und vieles mehr. Da das Haus unter Denkmalschutz steht, ist die orientalische Pracht des Türkischen Zimmers bis zum heutigen Tag erhalten geblieben. Sie bietet einen interessanten Kontrast zur Bergwelt ringsum.

Von hohem Reiz – nicht nur für Botaniker – ist auch der unterhalb des Schlösschens angelegte Alpengarten. In ihm wachsen über 1.000 Gebirgspflanzen und er ist eine Außenstelle des Botanischen Gartens in München.

20

Bayerische Staatsbrauerei Weihenstephan
Alte Akademie 2
85354 Freising
08161 5360
www.weihenstephaner.de

DIE ÄLTESTE BRAUEREI DER WELT

Staatsbrauerei Weihenstephan

Wo kommt das Bier eigentlich her und wo ist es zu Hause? Vor allem aber: Welche Rolle spielt Bayern dabei? Bayern (und das ist kaum überraschend) spielt dabei eine entscheidende, wenn auch bis heute nicht ganz geklärte Rolle. Lange Zeit hieß es auf die Frage, wo die älteste Brauerei der Welt sei: in Bayern natürlich. Oder etwas präziser: in Weihenstephan, einem Ortsteil von Freising. In einem ehemaligen Benediktinerkloster sei der süffige Goldstoff zum ersten Mal gebraut worden. Bis in den 1950er-Jahren Zweifel an der Echtheit der Urkunde aus dem Jahr 1040 auftauchten. Vieles spreche dafür, hieß es, dass sie auf Veranlassung des Freisinger Abtes Georg Tanner gefälscht worden sei. In den unübersichtlichen Zeiten des Dreißigjährigen Krieges, nichts Genaues weiß man nicht.

Nun könnte man sagen, egal, solange nur das Bier frisch ist. Doch weil die Bayern manches genau wissen wollen, nicht nur, wenn es um ihr Lieblingsgetränk geht, hat man sich auf eine andere, historisch verbürgte Lesart geeinigt: Weihenstephan gilt als älteste Brauerei der Welt, gegründet um 1675, darf das Bayerische Staatswappen im Flaschenetikett tragen und den Titel *Bayerische Staatsbrauerei* führen. Der Ministerpräsident ist sozusagen ihr oberster Braumeister. Da der aber wenig Wert darauflegt, ist die TU München eingesprungen, hat einen eigenen Studiengang eingeführt (was schon wieder über 150 Jahre her ist) und schaut nach, dass alles mit rechten Dingen, vor allem aber neuesten wissenschaftlichen Erkenntnissen zugeht. Nach den alten sowieso. Sie wissen ja: 1516, Reinheitsgebot und so. Das ist übrigens das älteste, heute noch gültige Lebensmittelgesetz der Welt.

Und wie schmeckt der Edelstoff nun? Offen gestanden, nicht so doll. Eher ein Industriebier als das süffige Bier einer kleinen Brauerei.

21

Rauhbichel
Startpunkt: Am Raut
82488 Ettal-Graswang

Tourist-Information Ettal
Ammergauer Straße 8
82488 Ettal
08822 923634
www.gemeinde-ettal.de

Ein Dorf will Funkloch bleiben

Rauhbichel bei Graswang

Das Dorf Graswang, Ortsteil der Gemeinde Ettal im Landkreis Garmisch-Partenkirchen ist ein Refugium. Für seine 250 Einwohner sowieso, gelegentlich aber auch für den einen oder anderen Touristen, der sich hierher verirrt. Hier ist die Zeit stehen geblieben, die Welt ist noch überschaubar und gemütlich analog, das digitale Zeitalter kennt man mehr vom Hörensagen.

Klar, auch die Graswanger und Graswangerinnen haben Handy und Internet, doch manchmal dauert es mit der Verbindung zum Rest der Welt lange, ziemlich lange. Oft steht das ominöse »E« auf dem Display und das heißt nichts Gutes, nämlich: Wenn überhaupt, dann gelingt der Netzaufbau nur im Schneckentempo. Lediglich an ausgewählten Stellen im Dorf kann man telefonieren, doch vielen ist das gerade recht: Gegen einen geplanten Funkmasten auf einem Hügel vor dem Dorf laufen sie Sturm. Der verschandle nur die Landschaft, sagen sie, und bringe womöglich noch nervige Instagram-Touris mit ihren Selfie-Stangen in den Ort.

Das wollen sie nicht in Graswang, in der handyfreien Zone und Idylle gleich bei Kloster Ettal um die Ecke. »Scheiße«, sei das, sagen sie dann im Wirtshaus und schauen genervt. Aber sie machen sich keine Illusionen: Weil der Landwirt seinen Hügel gerne verpachten wolle, werde der Mast wohl kommen. »Es geht nur ums Geld«, sind sie sich einig, und sie meinen es nicht wirklich positiv.

Einem breiten Publikum bekannt wurde der widerständige Ort durch die Sendung *quer* im Bayerischen Fernsehen. Das ist ein junges, frisches Format in sonst eher altväterlichen TV-Angebot aus München, das gerade bei jungen Zuschauern sehr beliebt ist. Moderiert wird es von Christoph Süß, der auch Kabarett macht und sein Nischenangebot gut nutzt.

Graswang aber ist wohl auf dem besten Weg, Weltkulturerbe zu werden.

22

Museum Industriekultur
Äußere Sulzbacher
Straße 62
90491 Nürnberg
0911 2313875
www.museen.nuernberg.de

FAHRRÄDER, MOTORRÄDER, EIN FRISEUR

Museum Industriekultur

Ist ein Rennwagen schöner als die *Mona Lisa*? Hat ein aufheulender Automotor mehr Pep und Sexappeal als die *Nike von Samothrake*, eine griechische Skulptur der Siegesgöttin Nike, die heute im Louvre steht?

Diese Fragen stellten sich italienische Künstler zu Beginn des 20. Jahrhunderts und ihre Meinung war klar: Die Schönheit der Technik ist jener der Kunst weit überlegen. Im *Futuristischen Manifest* von 1909 legten sie ihre revolutionären Ideen dar und schrieben damit Kunst- und Kulturgeschichte. Selbst wenn, ganz nebenbei sei es gesagt, die Zukunft der Futuristen durchaus überschaubar blieb. Viel mehr als die Befriedigung darüber, ein Störfeuer in der Kunstszene gezündet zu haben, war ihnen nicht beschieden. Und dennoch: Im Museum Industriekultur in Nürnberg fühlt man sich daran erinnert, schließlich geht es hier um die Ästhetik der Technik und einen Fortschritt, der inzwischen selbst Geschichte ist.

Wem also gerade retromäßig zumute ist, der gehe in dieses Haus. Dort findet er, liebevoll und mit viel Sinn fürs Detail in Szene gesetzt, zwar nicht die ganze Welt von gestern, aber doch wesentliche Bestandteile. Ein Potpourri mit Einblicken in das Leben unserer Eltern und Großeltern, und was uns daran heute noch gefällt.

So gleich zu Beginn das Schulmuseum mit dem historischen Klassenzimmer. Man glaubt den Kreidestaub in der Luft hängen zu sehen und erinnert sich an seine eigene Schulzeit. Anschließend die Beispiele aus der Fahrrad- und Motorradgeschichte, die für Nürnberg lange Zeit besonders wichtig war. Man erhält einen Eindruck vom Leben der Menschen um 1900, von ihren Wohnungen, Arbeitsstätten und Einkaufsmöglichkeiten und den Problemen, die mit Kochen, Waschen, Putzen einhergingen. Schlaglichtartig werden ganze Lebensbereiche aus dem Dunkel der Geschichte geholt.

Der Wandel der ortsansässigen Industrie über zwei Jahrhunderte hinweg bis in die unmittelbare Gegenwart wird ebenso gezeigt wie ein altes Kino, das heute noch bespielt wird, ein Frisiersalon mit Seifen-

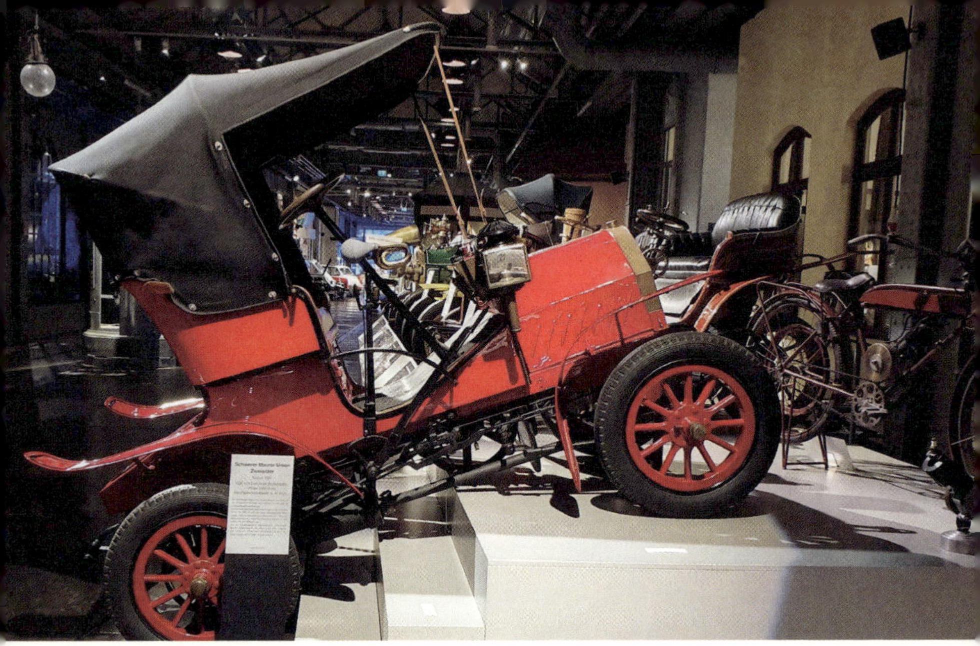

Als die Autos fahren lernten

schale und Rasiermesser, ein frühes Arbeiterlokal (es kann für Feiern gemietet werden), eine furchteinflößende Zahnarztpraxis, ein Kolonialwarenladen, eine Druckerwerkstatt und vieles andere mehr.

Wem das zu beschaulich ist, der geht in die Abteilung *Faszination Geschwindigkeit* und bestaunt Renn- und Sportwagen der frühen Bundesrepublik. Nach wie vor findet am Norisring ein bedeutendes Tourenwagenrennen statt. Nicht zuletzt im Radsport setzte Nürnberg über Jahrzehnte hinweg nachhaltige Akzente. So tat sich zum Beispiel das kleine Herpersdorf im Süden der Stadt mit Fahrern der Extraklasse hervor. Aber auch zur Entwicklung von Rundfunk und Fernsehen bis hin zur modernen Unterhaltungselektronik finden sich interessante Exponate.

Gut 200 Jahre Industrie- und Arbeitergeschichte, komprimiert auf zwei Etagen und 6.000 Quadratmetern Ausstellungsfläche. Eine Zeitreise der besonderen Art. Wer die als Zeitachse fungierende »Museumsstraße« mit ihren Themenhallen zurückgelegt hat, verlässt die ehemalige Schraubenfabrik im Osten der Stadt mit einem authentischeren Bild als er gekommen ist. Er hat einiges über die Lebenswirklichkeit der Menschen erfahren, die hier gelebt haben. Viel mehr kann eine stadtgeschichtliche Sammlung nicht bieten, zumal wenn sie sich dem lange vernachlässigten

Aspekt der »Geschichte von unten« verpflichtet fühlt. Und wo wäre dafür ein besserer Ort als in der traditionellen Arbeiterstadt Nürnberg, die lange Zeit als uneinnehmbare SPD-Bastion galt?

Die industriegeschichtliche Entwicklung der Stadt zu dokumentieren, war eine Idee von Hermann Glaser (1928–2018). Insgesamt 26 Jahre lang, von 1964 bis 1990, prägte der gebürtige Nürnberger als Schul- und Kulturdezernent die Kulturpolitik der Stadt. Daneben trat er als Publizist, Buchautor (von über 80 Titeln) und glänzender Redner hervor und war zusammen mit seinem Frankfurter Kollegen Hilmar Hoffmann der Vordenker moderner kommunaler Kulturpolitik. Dem traditionellen Begriff bürgerlicher Hochkultur setzte er das Konzept der Soziokultur entgegen. Dezentral, alltagsorientiert, schnell, bunt und weniger bildungshuberisch-elitär sollte sie sein.

Glaser wollte, darin durchaus Marxist, »die Verhältnisse zum Tanzen bringen«, was ihm oft genug gelang. Die *Nürnberger Gespräche* sind nur ein Beispiel, das lange umstrittene Jugendzentrum *KOMM* (und heutige Künstlerhaus) ein anderes. Auch im persönlichen Kontakt war er anregend, geistreich und witzig. Oft fühlte man sich danach beschwingt und mental frisch. Mit dem autobiografischen Essay *Und du meinst so bliebe es immer* gelang ihm, neben all den Sachbüchern, eine literarische Preziose. Glaser war ein überregional anerkannter Vordenker der modernen Kulturpolitik. Die Lücke, die er hinterließ, wird noch lange schmerzen.

Das Museum Industriekultur hat neben Glaser einen zweiten treuen Begleiter: den Fotografen Herbert Liedel (1949–2015). Ursprünglich in der Sportfotografie verwurzelt (Liedel war viele Jahre für das Fußballmagazin *Kicker* tätig) hat er alle Entwicklungsphasen des Projekts Industriekultur dokumentiert. Der vielfach ausgezeichnete Fotograf galt darüber hinaus als einer der besten Kenner Frankens, seine Bücher und Kalender bleiben legendär. Nie entfaltete Franken mehr stillen Zauber als in den Fotos von Herbert Liedel. Das Museum Industriekultur erinnert in einer Dauerausstellung an sein vielfältiges Schaffen.

23

Schreibmaschinenmuseum
Bernecker Straße 11
(Eingang: Inselstraße)
95448 Bayreuth
0921 23445
(für Besuchsanmeldungen)
www.forschungsstaette.de

ANALOGES TIPPEN

Schreibmaschinenmuseum

Erstaunlich, aber wahr: Viele Autorinnen und Autoren schreiben noch immer auf der Schreibmaschine. Ein Beispiel von vielen: Friederike Mayröcker. In einem Interview mit der Wiener Stadtzeitung *Falter* bekannte die Grande Dame, dass sie ausschließlich auf ihrer kleinen *Hermes Baby* schreiben könne. Ein Anachronismus? Vielleicht. Die Schreibmaschinen, sie sind einfach aus der Welt verschwunden wie die mechanische Kaffeemühle, die Jukebox oder das Telefon mit Wählscheibe.

Und doch: Am Stadtrand von Bayreuth »leben« sie weiter, die Schreibmaschinen. Von Kulmbach kamen sie über verschiedene Stationen in Bayreuth an ihren jetzigen Standort. Sie wurden ursprünglich nicht als Museumsexponate zusammengetragen, sondern als Lehr- und Lernmittelsammlung für angehende Maschinenschreiblehrer.

Obwohl im Zweiten Weltkrieg viele Maschinen verloren gingen, konnte die Sammlung inzwischen wieder ergänzt werden. Wer also in Erinnerungen schwelgen oder seinen Kindern zeigen möchte, wie die Vorfahren Texte zu Papier brachten, der kann nach Anmeldung die über 400 Exponate ansehen. Die Ausstellung reicht vom ersten Schreibapparat des Tiroler Zimmermanns Peter Mitterhofer von 1864 über die elektrischen Schreibmaschinen der 1960-Jahre bis zu den elektronisch gesteuerten Typenradmaschinen.

Auch wenn es so aussieht, das Schreibmaschinenmuseum befindet sich nicht im Dornröschenschlaf. Das Berufsbild Lehrer für Maschinenschreiben gibt es nicht mehr, wohl aber müssen Lehrer für Textverarbeitung geschult werden. Diesem Fortschritt will die Forschungs- und Ausbildungsstätte für Kurzschrift und Textverarbeitung in Bayreuth E. V. Rechnung tragen. Obwohl momentan Geld und Raum fehlen, hat man Computer der Anfangszeit eingelagert. Vielleicht werden sie eines Tages die Lehrmittel- und Museumsausstellung ergänzen. Dann kommen wir wieder und staunen, dass das Deutsche Schreibmaschinenmuseum immer noch recht lebendig ist.

24

Historisches Straßenbahndepot St. Peter
Schlossstraße 1
90478 Nürnberg
0911 499833
www.sfnbg.de

Ungemütlich, aber schön

Historisches Straßenbahndepot St. Peter

Bitte einsteigen zur Fahrt in die Vergangenheit! In die Zeit, als die Straßenbahn noch an der Lorenzkirche vorbeifuhr, und die Wagen hinten eine offene Plattform hatten, wo es zog und reinregnete. Die Tickets, die damals noch Fahrkarten hießen, wurden beim Schaffner gelöst und wer schwarzfuhr und dabei erwischt wurde, zahlte zehn Mark Strafe, später 20. Die Fahrt selbst verlief eher rumpelnd und ruckelnd, in den Kurven quietschte es, stand etwas auf dem Gleis, wurde wild gebimmelt, man hielt sich an Handschlaufen oder eiskalten Messingstangen fest, die Sitze waren hart wie ein Brett und die Verspätungen beträchtlich. Dennoch: Die »Straboh« (oder »Straßaboh«), wie sie in Nürnberg hieß, war beliebt.

Wer Lust auf Nostalgie hat und das schwere Eisenrad der Zeit ein wenig zurückdrehen möchte, geht ins Historische Straßenbahndepot in St. Peter. Das heißt, er fährt mit der Straßenbahnlinie sechs oder mit der Historischen Burgringlinie 15 hin und zuckelt durch die Stadt wie anno dazumal. Jedes erste Wochenende im Monat hat das Depot geöffnet.

Dann ist auch die Dauerausstellung »Straßenbahnen der Welt« zugänglich, in der rund 130 Jahre Nürnberg-Fürther Straßenbahngeschichte dokumentiert sind. Vom Beginn mit der »Ludwigsbahn« und teils noch von Pferden gezogenen Waggons 1835 bis in die unmittelbare Gegenwart. Die entscheidende Zäsur findet am 1. März 1972 statt. An diesem Tag wird die 3,7 Kilometer lange Teilstrecke der U1 zwischen Langwasser und der Bauernfeindstraße eröffnet. 22.000 Menschen sind in Nürnberg zum ersten Mal unterirdisch unterwegs.

Heute sehnt sich mancher nach der »Straßaboh« zurück. Unvergessen die Fahrten, als der Nürnberger Autor Fitzgerald Kusz aus seinen Gedichten las, unvergessen auch die Fahrt 1983 mit dem *Straßaboh-Café* im Beiwagen. Schöner als mit den griespuddingfarbenen Zügen kommt man nicht durch die Stadt.

25

Lusamgärtchen
am Stift Neumünster
Martinstraße 4
97070 Würzburg
www.neumuenster-
wuerzburg.de

DAS REFUGIUM

Lusamgärtchen am Stift Neumünster

Wenn es das Lusamgärtchen im Kreuzganghof von Stift Neumünster nicht schon gäbe, müsste man es erfinden. Als Beispiel eines romantisch-nostalgischen Refugiums. Oder als Idylle pur. Der Minnesänger Walther von der Vogelweide (circa 1170–1230) für den es hier eine Gedenktafel gibt, könnte es persönlich erfunden haben.

Er »sog den Duft der Rosensträucher, Ginsterbüsche und Kräuterbeete begierig ein. Der Geruch von Salbei, Thymian und Minze verlieh ihm neue Energie, genau wie die Schatten spendenden Arkaden des Kreuzgangs, unter denen er sich wie zu Hause fühlte.«

Diese Schilderung stammt zwar nicht aus der Feder des Minnesängers persönlich, sondern aus Uwe Klausners historischem Roman *Die Kiliansverschwörung* und gibt einen guten Eindruck vom Flair dieses verwunschenen Ortes. Auch Goethes Worte aus dessen Gedicht *Osterspaziergang* passen: »Hier bin ich Mensch, hier darf ich's sein«. Ein Sehnsuchts- und Zufluchtsort mitten im Zentrum von Würzburg, eine Sammelstelle für aufgescheuchte Gefühle und Gedanken. Und ganz nebenbei ein Leseplatz.

»Bin ein gestorben Herze, das tot noch liebt und schlägt«, steht auf dem Gedenkstein für Walther von der Vogelweide, ein Hinweis auf Leidenschaft und Lebenslust. Auf der Oberseite der Platte sind Vertiefungen eingelassen worden, um Wasser und Körner für die Vögel bereitzuhalten, die der mittelalterliche Poet so sehr liebte und von denen sich sein Name ableitet.

Auf dem Gedenkstein sind auch heute noch oft frisch abgelegte Blumen zu finden. Ein Brauch, der bei Liebeskummer helfen soll.

Der Würzburger Schriftsteller Max Dauthendey (1867–1918) hat sich um das Andenken an Walther von der Vogelweide, den bedeutendsten deutschsprachigen Minnesänger, verdient gemacht. Insbesondere mit seinem Lyrikband *Lusamgärtlein.*

KUNST UND KULTUR

26

Albrecht-Dürer-Haus
Albrecht-Dürer-Straße 39
90403 Nürnberg
0911 2312568
https://museen.
nuernberg.de

So läuft der Hase

Albrecht-Dürer-Haus

Albrecht Dürer, der Weltkünstler, ist allgegenwärtig. In Wien, Frankfurt, Bilbao, Paris, Madrid, Florenz, Washington und München in der Alten Pinakothek. Gelegentlich sogar in Nürnberg, seiner Geburts- und Heimatstadt. Zuletzt 2012 mit der großen Schau *Der frühe Dürer* im Germanischen Nationalmuseum. Seitdem herrscht Flaute. Eine nachdenklich-kreative bestenfalls, eine behäbig-verschnarchte schlimmstenfalls.

Das Germanische Nationalmuseum, das vor allem für Dürer zuständig wäre, fokussiert sich eher auf Themen wie »Kleidung ab 1700«. Das vertieft den Eindruck, dass Museum und Stadt, nach inzwischen mehrfach gescheiterten Bewerbungen zur Kulturhauptstadt Europas, den Wert ihres »Ausnahmegenies«, so zuletzt die ARD in einem Bericht, Dürers noch nicht begriffen haben. Dabei ist Daniel Hess, der den *Frühen Dürer* kuratierte, mittlerweile zum Chef des Germanischen Nationalmuseums aufgestiegen. Doch außer zwei Originalgemälden und der Graphik glänzt Nürnbergs bedeutendster Künstler mit Abwesenheit.

Ganz anders die *Albertina* in Wien, die ihre Dürerschätze in regelmäßigen Ausstellungen präsentiert und damit lange Besucherschlangen am Eingang schafft. Ebenso das *Städel Museum* in Frankfurt oder das Guggenheim-Museum in Bilbao. In Nürnberg dagegen muss der Kunstfreund sich ins Dürerhaus am Tiergärtnertorplatz bemühen, wo der Meister zwar ab 1509 wohnte und arbeitete, es aber nur Replikate gibt. »Man schmückt sich mit der weltgrößten Kopien-Sammlung«, wie man hier sagt.

Zu Dürer (1471–1528) ist bereits alles gesagt worden, wenn auch noch nicht von allen. Ein Abstecher ins Dürerhaus lohnt gleichwohl und das besonders, wenn Dürers Ehefrau Agnes führt. Sie wird von einer Nürnberger Schauspielerin gemimt und plaudert aus dem »Nähkästchen«. Bekanntes und Unbekanntes, Künstlerisches und Privates, Banales und kunstgeschichtlich Bedeutsames werden zu einem anregenden Potpourri zusammengefügt, aus dem sich jeder seinen eigenen Dürer zusammensetzen kann. Man erfährt, wo die Dürers gekocht und gegessen haben, und kann ihr Plumpsklo (16. Jahrhundert!) be-

Dürers Werkstatt, nachgebaut

sichtigen. In der hauseigenen Werkstatt erlebt man zudem, wie ein Kupferstich hergestellt und zur Vervielfältigung genutzt wird. Vor allem damit hat der Meister sein Geld verdient.

Am besten klemmt man sich beim Rundgang eine Biografie wie die von Hausherrn Thomas Schauerte *Dürer – Das ferne Genie* unter den Arm, nachdem man vorher den Band *Albrecht Dürer. Das malerische Werk* von Fedja Anzelewsky gründlich studiert hat, das nach wie vor beste Überblickswerk zu Dürers gewaltigem Œuvre. An den vielen interaktiven Stationen im Haus kann man, wenn die Agnes gerade mal den Mund hält, sein Wissen vertiefen.

»Mit den Medienstationen haben wir die Möglichkeit, unendlich viel Bildmaterial zu zeigen, ohne damit die Wände zupflastern zu müssen«, erklärt Thomas Schauerte. Im neuen Dürer-Saal gibt es dennoch einiges in Echtgröße zu sehen: die berühmten *Vier Apostel, Adam und Eva,* das Selbstbildnis aus dem *Prado* in Madrid. Alles nur »echt kopiert«, aber immerhin.

»Die echten Werke wird man nie mehr in einer gemeinsamen Ausstellung sehen können, da muss man schon rund um die Welt von Museum zu Museum fliegen«, ist sich Thomas Schauerte sicher. So weigerte sich zuletzt die Alte Pinakothek in München, das *Selbstbildnis im Pelzrock* nach Nürnberg auszuleihen. Zu gefährlich der Transport für die alte Leinwand, zu hoch die Versicherungssumme, hieß es. Wer den *Feldhasen,* für viele ein Meisterwerk der Renaissance schlechthin, oder das Selbstporträt des nackten Dürer sehen will, muss dafür nach Wien fahren. Über Jahrhunderte hinweg haben es die Nürnberger Magistrate versäumt, die Werke zu erwerben. Jetzt ist es dafür zu spät, ein für alle Mal. Wahr ist aber auch, dass die Stadt immer wieder zur Herausgabe von Werken gedrängt oder gar erpresst wurde. So im September 1627, als Kurfürst Maximilian I. von Bayern die Stadt nötigte, die *Vier Apostel* heraus zu rücken. Im Gegenzug erhoffte sich die bedrängte Stadt, Beistand im Dreißigjährigen Krieg zu erhalten.

Mein Lieblingswerk ist *Der heilige Hieronymus im Gehäus* (altdeutsch für »Haus«), ein Kupferstich Dürers aus dem Jahr 1514. Zusammen mit *Ritter, Tod und Teufel* und *Melencolia I* zählt er zu den drei Meisterstichen des Künstlers. Insgesamt sieben Mal hat Dürer das Motiv des Kirchenvaters Hieronymus in Druckgrafiken und Gemälden dargestellt, immer leicht abgewandelt in den Details. Die Deutungen sind zahllos, es ist, so sagen Dürer-Forscher, eins der am meisten kommentierten und interpretierten Werke der Kunstgeschichte.

Worin also besteht seine Faszination? Stark verkürzt gesagt wohl in seiner einmaligen Mischung aus Erzählung und Rätselhaftigkeit, Mensch und Tier, Endlichkeit und Ewigkeit, Hell und Dunkel, Idylle und überwundener Gefahr. Für Letztere steht nicht zuletzt der Löwe. Der Legende nach zog der heilige Hieronymus ihm einen Dorn aus der Tatze, woraufhin das Raubtier sein Fauchen einstellte und zum friedlichen Gefährten des Gelehrten mutierte.

Und der Kirchenvater selbst? Nun, ist er das Sinnbild des in sich und seiner Gottgewissheit ruhenden Gläubigen und Gelehrten im Schutz seiner kleinen Welt, des Gehäuses? Hieronymus wird zwar sterben, das macht der Totenschädel auf dem Fensterbrett deutlich, aber er wird nicht tiefer fallen als »in Gottes Hand«, um ein Bild aus der Bibel zu bemühen. Dann wird er auch seine cholerischen Anfälle überwunden haben, mit denen er offenbar zeitlebens zu kämpfen hatte.

Wer den *Hieronymus im Gehäus* länger betrachtet und auf sich wirken lässt, wird etwas von dessen tiefer Ruhe und Verheißung spüren.

27

Casablanca Filmkunst-theater
Brosamerstraße 12
90459 Nürnberg
0911 454824
www.casablanca-nuernberg.de

DER ORT ZUM TRÄUMEN

Casablanca Filmkunsttheater

Es war Nürnbergs zweites Programmkino: das *Casablanca.* Das erste war 1970 die *Meisengeige* in einer ehemaligen Bäckerei am Laufer Schlagturm gewesen. Sechs Jahre später öffnete das *Casablanca.*

Benannt nach dem Filmklassiker von Michael Curtiz mit Humphrey Bogart und Ingrid Bergman in den Hauptrollen war es in einem lauschigen Innenhof in der Südstadt untergekommen, nachdem die Kleinkunstbühne *TIK* hatte schließen müssen.

Beide Kinos gehörten den Weber Brothers, wie Wolfram, Eckhart und Frank Weber in der Stadt nur genannt wurden, beide waren als Spielstätten des anspruchsvollen Films abseits des Mainstreams gedacht. Viel Großartiges gab's da zu sehen, gelegentlich auch Mittelmaß oder Flops. Zu ersterem gehörte auf jeden Fall der neue deutsche Film mit Regisseuren wie Rainer Werner Fassbinder, Kluge und Herzog, dazu die Avantgarde aus Frankreich und Italien mit Namen wie Truffaut, Godard und Chabrol beziehungsweise Antonioni, Fellini, Pasolini oder Visconti, um nur einige von vielen zu nennen. Alle liefen in eher kleinen, häufig verrauchten Kinosälen, doch gerade die Kombination aus Kino und Kneipe machte sie schnell zum Szenetreff: Hier konnte man untertauchen und Gleichgesinnte treffen.

Das *Casablanca* hatte da freilich seine größte Bewährungsprobe noch vor sich. 2009 kam es zwischen Kinobetreibern und Hausbesitzern zum großen Krach: Nichts ging mehr, das *Casablanca* musste schließen. Doch bereits ein paar Monate später übernahm der neu gegründete Verein *Casa e.V. – Kunst und Kultur in der Südstadt* den Betrieb. Als wenig später noch 200.000 Euro aus einer Stiftung flossen, war das Projekt gerettet. Der Vorhang ging wieder auf. Die drei Säle wurden aufgehübscht, das Programm ist ambitioniert wie immer und auch die Crêperie im Vorderhaus floriert wieder. Was bleibt, ist das unvergleichliche Flair. Der Ort zum Träumen und Abtauchen. Ich seh dir in die Augen, Kleines.

28

Neue Sammlung München
Barer Straße 40
80333 München
089 23805360
www.dnstdm.de

EINTAUCHEN IN DIE WELT VON GESTERN

Neue Sammlung

Design wird immer wichtiger, dem Bauhaus sei Dank. Je mehr der ideelle Wert von vielem zurückgeht oder obsolet wird, umso mehr Bedeutung bekommen Form, Aussehen, Funktionalität. Darüber vor allem verkaufen sie sich und darum vor allem geht es. Beispiele gefällig? Angefangen bei Brillen und Haarschmuck über Kaffeeautomaten, Küchengeräte, Telefone und Flachbildschirme bis zur sogenannten Mobility wie Sport Utility Vehicles (SUVs) und ICE-Zügen, die immer schöner und windschnittiger in die Bahnhöfe einfahren. Die Liste ist endlos und wird permanent erweitert.

Klar, dass auch die Museen irgendwann aus ihrer Schockstarre erwachen und reagieren mussten. Das Ergebnis lässt sich in München, Nürnberg und Weiden besichtigen, um nur drei Beispiele von vielen zu nennen. Alle drei sind Staatsmuseen, Weiden hat sich aus naheliegenden Gründen auf Porzellan und Keramik beschränkt. In Nürnberg ist man im Neuen Museum am Klarissenplatz untergekommen, und die Neue Sammlung in der Pinakothek der Moderne in München ist eine von vier Sparten.

Ein Monopol auf Design haben beide nicht. In Nürnberg ist im Städtischen Museum Industriekultur die Welt von früher noch viel umfangreicher und lückenloser zusammengestellt als im Haus am Klarissenplatz, und in München gibt es Designsammlungen wie Sand an der Isar. Vom tiefblauen Gauloises Aschenbecher vom Flohmarkt über Möbel, Telefonzellen, Faxgeräte, Projektoren und alte Cabrios, bei denen man noch selbst aussteigen musste, um das Dach geöffnet zu bekommen, ist alles vorhanden. Design ist alles, was wir an Gerätschaften in die Hand nehmen und hat von daher praktisch keine Grenzen. Oder um es mit einem Buchtitel der indischen Autorin Arundhati Roy zu sagen: *Der Gott der kleinen Dinge.*

Beginnen wir also mit dem kleinsten der bayerischen Designmuseen, dem in Weiden. (Die beiden großen Häuser in München und Nürnberg handeln wir dann kurz ab, die brauchen keine PR mehr.)

Außen spektakuläre Architektur, innen gefälliges Design

Es ist im sogenannten Waldsassener Kasten, einem Gebäude des Klosters in Waldsassen, untergekommen. Auf rund 1.000 Quadratmetern Ausstellungsfläche sind Keramik-Objekte aus acht Jahrtausenden zu sehen. Seit 1994 wartet die Sammlung mit einem besonderen Schmankerl auf, der Donation Maria Seltmann, die chinesisches Porzellan aus der Qing-Dynastie präsentiert. Imposant auch die Bestände europäischer Keramik des 19. bis 21. Jahrhunderts. Werke in unterschiedlichsten Techniken produziert, von einfacher Irdenware über Fayence, Steinzeug, Steingut und Porzellan, sind zu sehen. Dazu das Feld der technischen Keramik, auch sie das Ergebnis einer Schenkung.

Weiden, die Stadt in der Oberpfalz, wo Max Reger, Komponist, Kirchenmusiker und Nicht-Designer, lange lebte, ist um eine Attraktion reicher. 1990 eröffnet, hat sich das Museum zu einem Magnet für Design-Freunde aus aller Welt entwickelt. Ein Besucher schreibt bei Google: »Super Museumsbesuch, wusste gar nicht, dass es so was in Weiden gibt. Sehr nettes Personal.« Und eine andere gibt vier Sterne und lobt die »Bandbreite der Exponate, bis hin zu neuzeitlichen Gebrauchsgegenständen.« Aus welchen Tassen die Großeltern getrunken und von welchen Tellern sie gegessen haben, hier erfährt man es. Die Neue Sammlung in Weiden hat den Alltag archiviert und neue Schwerpunkte gesetzt.

Und jetzt nach Nürnberg und München. Die Neue Sammlung in München und ihre Dependance in Nürnberg gelten mit rund 100.000 Exponaten als größtes (und ältestes) Designmuseum der Welt. Seit 1929 bereits wird der Begriff »Neue Sammlung« verwendet, er hat sich, obwohl inzwischen alt, als änderungsresistent erwiesen.

Hans Wichmann, einer der frühen Direktoren der Neuen Sammlung in München, hat 1985 in seinem voluminösen Buch *Kunst, die sich nützlich macht,* eine Philosophie des Alltags, seiner Herausforderungen und der Utensilien entwickelt, die uns dabei helfen sollen, sie zu bestehen. Nicht mehr das kanonisierte, einzigartige Kunstwerk steht bei dieser modernen Form des Museums im Mittelpunkt, sondern der massenhaft reproduzierbare Alltagsgegenstand. Statt Dürers *Hieronymus im Gehäuse* eine Welt von Licht und Lampen, Reklame und künstlicher Helligkeit. Ein Paradigmenwechsel ohnegleichen. Neu ist daran auch, dass das Prinzip der Nützlichkeit die entscheidende Rolle spielt. Außerdem gilt: Form follows function. (Die Form folgt der Funktion.)

Was bei Wichmann noch fehlt, sind IT und Digitales, Robotik beziehungsweise künstliche Intelligenz. Der Grund liegt auf der Hand: Kein Bereich hat ein so schnelles Verfallsdatum wie die Alltagskultur. Daher hat ihre Philosophie immer auch etwas Getriebenes und muss laufend aktualisiert werden. Das ist ihr Fatum, darin besteht ihre Faszination. Durchsetzen wird sich in diesem Prozess eine Mischung aus Eleganz, Einfachheit und Funktionalität. Thonets Stühle sind ein beredtes Beispiel. Und: In ihrem Siegeszug um die Welt war und ist sie nicht aufzuhalten.

29

Glasstraße

Startpunkt: Touristinformation Bahnhofstraße
Bahnhofstraße 28
94032 Passau
0851 955980
www.passau.de
www.die-glasstrasse.de

Glas, wie leicht bricht das!

Auf der Glasstraße durch den Bayerischen Wald

Zunächst einmal: Glas überrascht. Das Material, das wir seit mindestens 3.500 Jahren nutzen, ist immer anders, als man denkt. So gibt es Glas, das zersplittert schon, wenn einer laut singt, wie Oskar Matzerath in der *Blechtrommel.* Und es gibt Glas, das ist hart wie Krupp-Stahl und bricht auch bei stärkstem Druck nicht. Da kann man einen Sattelschlepper drüberfahren lassen und es passiert nichts. Ob freilich dann die Analogie zum Glück noch besteht, sei dahingestellt. Nicht alle sind da einer Meinung mit Drafi Deutscher: *Marmor, Stein und Eisen bricht.* (Übrigens: Drafi Deutscher wurde 1976 zum letzten Mal geschieden. Inzwischen hat er sich endgültig von uns verabschiedet, das war 2006.)

Zurück zum Glas. Es kann also brechen, muss es aber nicht. Auch Kratzer sind bereits kleinste Risse, die zu großen werden können, es aber nicht müssen. Die Vorgänge, wenn die Atome im Glas nach einer Schmelztemperatur von 1.400 Grad Celsius peu à peu abkühlen und schlussendlich »erstarren«, sind in einigen Phasen noch immer ungeklärt. Oft hat man den Eindruck, die glühend rote Schmelze aus Quarzsand, Pottasche und Kalk weiß beim Erstarren selbst nicht so recht, wohin die Reise geht.

Der Werkstoff Glas gibt der Wissenschaft nach wie vor Rätsel auf, obwohl die Messinstrumente stets besser werden. Aber Glas bezaubert (und erschreckt). So in unzähligen Mythen und Märchen. Wilhelm Hauffs *Das kalte Herz* und sein Glasmännlein sind nur ein Beispiel von vielen. Auch Hermann Hesses *Glasperlenspiel,* seine Anleitung zum richtigen Leben, fällt einem ein.

Denn Glas, und damit wären wir bei seiner zweiten Eigenschaft, ist geheimnisvoll. Wer einmal einem Glasbläser bei der Arbeit zugeschaut hat, wird es bestätigen. Letzten Endes sei es »undurchsichtig«, sagt die Glaskünstlerin Magdalena Paukner aus Lindberg bei Zwiesel. Sie hat sich auf Glasschmuck spezialisiert und stellt Ohrringe, Armbänder und filigrane Ketten her. Ein sanft boomendes Gewerbe in einer Gegend, in der die Glasindustrie seit Langem in der Krise ist.

Teil der Skulpturengruppe Weitblick *in den Gläsernen Gärten*

Eine Heimat des Glases ist der Bayerische Wald. Eine 250 Kilometer lange *Glasstraße* führt von Waldsassen im Norden bis nach Passau im Süden. Einer ihrer zentralen Orte ist Frauenau, das sich selbst gerne als »Gläsernes Herz« bezeichnet. *Das Staatliche Museum zur Geschichte der Glaskultur* befindet sich hier, ein Skulpturenpark mit Kunstwerken aus Glas, Werksiedlungen für die Arbeiter in den Glashütten, ein Gasthaus, wo diese verkehrten, den ehedem größten Saalbau im gesamten Bayerischen Wald sowie diverse Ateliers und Werkstätten von Künstlern. Mehr Glas geht kaum. Mit den Freiherren von Poschinger waren ab 1568 auch die entscheidenden Fabrikanten der Glasindustrie vor Ort. Isidor Gistl folgte ihnen im 20. Jahrhundert und setzte die Tradition fort.

Die Kunstszene prägte jedoch ein anderer: Erwin Eisch, der Maler, Bildhauer, Graveur, Musiker und Mentor einer ganzen Generation von Glaskünstlern, wenn nicht gar für zwei oder drei. Geboren 1927 in Frauenau, war er zusammen mit dem Amerikaner Harvey Littleton in den 1960er-Jahren einer der Gründungsväter der internationalen Studioglasbewegung, die 1965 zu einem Glasstudio in Frauenau führte. »Wolken waren schon immer mein letzter Halt«, war und ist das Motto des umfassend gebildeten Künstlers, in dessen Werk man Anleihen von Picasso, Georges Rouault und anderen findet. Noch heute sieht man den fünffachen Vater regelmäßig durch Frauenau radeln und in den Sommermonaten ist er Ansprechpartner für die Studenten seiner »Sommerakademie«. Am leichtesten aber trifft man ihn in seinem luftig-hellen Atelier an der Staffelei bei der Arbeit an einem Bild. Sie hält ihn jung und geistig beweglich. Vom »weltweit renommierten Glaskünstler Erwin Eisch« sprach *Die Zeit* schon vor Jahrzehnten, daran hat sich bis heute nichts geändert.

Ebenfalls an der *Glasstraße* liegt *JOSKA*, das Glaskaufhaus von Bodenmais. Hier erhält man alles, was das Herz begehrt, ob man es braucht oder nicht: Von Glaseulen und Glasfröschen über gläserne Buddhaköpfe als Lampen und Feng-Shui-Kristalle bis zu Kunstblumen aus Glas. In Sachen Glaspokale ist *JOSKA* sogar Weltmarktführer und mächtig stolz darauf. Dazu Glasdekorationen en masse, Trinkgläser aller Art, Fusing-Glas (verschiedenfarbiges Glas, das miteinander verschmolzen und gerade sehr »in« ist), sowie über 1.000 Kronleuchter, die das Angebot entsprechend in Szene setzen. Es glast gewaltig in Bodenmais.

Ein Wirtshaus, ein Biergarten, der unvermeidliche Gewürzladen von Alfons Schuhbeck und das Defilee von Prominenten wie Markus Wasmeier, Heino, Conchita Wurst und anderen gehören natürlich dazu. Im Mittelpunkt: der Kommerz.

Gehen wir zum Schluss zu Hans Peter Wagner, einem Philosophen des Kulturgutes Glas. Rund 3.500 Bücher zum Thema hat der Heimatpfleger aus Waldmünchen im Haus. Insgesamt, da machte sich Wagner nichts vor, sei es vorbei mit der großen Zeit des Glases, aber vielleicht gebe es ja doch »eine kleine Renaissance«. Dafür gebe es Indizien. Und es bleibe diese unerklärliche Faszination. Man müsse so ein Glas nur mal in die Hand nehmen und anschauen!

Wagner starb inzwischen. Das Objekt seiner Begierde gibt es noch immer.

30

Münchner Volkstheater
Brienner Straße 50
80333 München
089 5234655
www.muenchner-volkstheater.de

»Ich würde heute ungern sterben«

Volkstheater

Das Zitat ist von Martin Walser, ein Band mit Interviews des Schriftstellers ist so betitelt. Es beschreibt allerdings auch sehr gut die Geschichte vom Brandner Kaspar, der eines Tages Besuch vom Tod erhält, der hier »Boandlkramer« (manche sagen auch »Boanlkramer«) heißt. Dieser Boandlkramer (für alle nur des Hochdeutschen mächtigen Leser: »Knochenhändler«) will ihn mitnehmen ins Paradies. Doch der Brandner Kaspar, gerade mal 72 Jahre alt und noch sehr rüstig, hat überhaupt keine Lust dazu und stattdessen eine Idee: Mit viel Kirschgeist säuft er den Tod unter den Tisch und luchst ihm außerdem noch das Versprechen ab, erst mit 90 sterben zu müssen. Dann schmeißt er ihn raus. Zum Teufel mit dem Tod! »Verpisse er sich, i hob grad goar kaa Zeit für solchene Späß!«

Der *Brandner Kaspar* ist ein bayerisches Kultstück, x-mal verfilmt, zuletzt mit Michael Bully Herbig als Boandlkramer und Franz Xaver Kroetz als Brandner Kaspar, Regie führte Joseph Vilsmaier. Auf der Bühne landauf, landab ist es ein Dauerbrenner, bei dem die Karten so schnell weg sind wie sonst nur in Bayreuth oder Salzburg. So auch in München, im Volkstheater in der Maxvorstadt. Hier ist es seit 2005 im Repertoire und der Hausherr und Intendant Christian Stückl hat es persönlich inszeniert. Als weiß-blaues Gaudi-Stück mit Blasmusik-Kapelle auf der Bühne, Schnaderhüpferln, Schuhplattlern, Raufereien, derben Pointen, aktuellen Anspielungen und vor allem viel Schnaps. Auch im Paradies geht's sehr bayerisch zu: So hocken die Engerl, als der Brandner schlussendlich doch bei ihnen eintrifft, grad bei Weißwürscht und Bier, lästern über die Irdischen und ihr Ungeschick. Hauptsächlich aber weigern sie sich, *Hosianna* zu singen, weil das mit vollem Mund eh nicht geht.

Proppenvoll ist der Saal, ein schwülheißer Sommertag, viele sind im Dirndl oder in der Lederhose gekommen, einige haben der Einfachheit halber den Filzhut mit Gamsbart gleich aufbehalten. Unter den vielen Jugendlichen im Publikum sind einige barfuß oder zumindest mit aufgeschnittenen Jeans. Soll heißen: Der *Brandner Kaspar* ist

Im Himmel warten sie schon auf den Brandner Kaspar

zeitlos, er hat seine Fans auch bei den unter 30-Jährigen. Er vererbt sich sozusagen, ebenso wie andere Kulturgüter.

Ursprünglich war es eine Erzählung, erstmals veröffentlicht 1871 in den *Fliegenden Blättern* von Franz von Kobell, fürs Theater dann eingerichtet von Joseph Maria Lutz und später von Kurt Wilhelm. Seine Version wird heute noch gespielt. Auch eine bayerische Oper gibt es, sie hat sich aber als weniger durchsetzungsfähig als das Sprechstück erwiesen.

Für die Popularität des Bühnenstücks gibt es eine einfache Erklärung. In *Der Brandner Kaspar und das ewig' Leben* (der vollständige Titel von Kurt Wilhelm) erfährt man viel über die bayerische Volksseele. Ihre Abgründe sind darin ebenso enthalten wie ihre Banalitäten, ihr Charme ebenso wie ihre Bosheit, ihr konservatives Beharrungsvermögen wie die »liberalitas bavariae«, die ja auch Realität ist und nicht nur ein frommer Spruch. (Selbst, wenn sich die Preußen im Himmel einiges anhören müssen an Frotzeleien.)

Und bei aller Gaudi: Ein Hauch von Metaphysik schwebt über dem Stück. So die Frage nach dem rechtzeitigen Sterben und zu langen Leben, nach der Überschätzung des Irdischen überhaupt. Wichtiger ist die Frage nach der Bedeutung von Freunden und Familie, und ob man immer gut beraten ist, unbedingt seinen Kopf durchsetzen zu wollen. Nicht zuletzt ist es eine *Jedermann*-Erzählung und ein faustischer Pakt: Der Brandner Kaspar ist nett zum Teufel, säuft und kartelt mit ihm und bekommt dafür eine kleine Lebensnachspielzeit.

Wie alle großen Volksstücke sagt auch dieses etwas über das betreffende Volk aus. Wie der Brandner Kaspar im Stück, trinkfest und gewitzt, a bisserl gschert, bisserl lieb, a bisserl anarchisch und a bisserl a Bazi, dabei sehr bodenständig, ein heimlicher Revoluzzer (und ja, auch Wilderer), im Kern aber ein Spießer und Erzkonservativer und sehr fromm, vor allem, wenn er einen unmittelbaren Nutzen daraus ziehen kann – so sieht sich der Durchschnittsbayer selber gerne. Der *Brandner Kaspar* ist nur das Spiegelbild auf der Bühne. Dou schauts her, so san mir!

Zurück zur Münchner Aufführung: Sie hat das Glück, mit Maximilian Brückner einen Boandlkramer zu haben, der über weite Strecken hinreißend ist. Ein armer Teufel, dieser Gevatter Tod, eine hündisch-verschlagene Kreatur, immer etwas zu flink, zu fischig-glatt, zu beflissen und servil, um als seriös durchgehen zu können. In seinen besten Momenten ein bayerischer Mephisto, Gustaf Gründgens lässt grüßen. Kein Wunder, dass die Münchner Presse begeistert war nach der Premiere im April 2005 und jede Menge Sterne vergab. Und er, Maximilian Brückner? Er hat es allen gezeigt, dass er mehr kann als nur den *Tatort*-Kommissar in Saarbrücken, aber auch, dass ihm die Bühne mehr zusagt als das Fernsehen. Und die Münchner dürfen sich freuen: Brückner und Stückl können gut miteinander, das ist bekannt, und für das Münchner Volkstheater sind sie ohnehin ein ideales Gespann.

31

Rollwenzelei
(Besichtigung nach Anmeldung)
Königsallee 84
95448 Bayreuth
0921 980218
www.jeanpaulstube.de

DER DICHTER UND DAS BIER

Ehemaliges Zollhäuschen *Rollwenzelei*

Es war ein echtes Dilemma: *Rollwenzelei* oder Scheidung? In Ruhe vor den Toren der Stadt schreiben können oder daheim der herumzeternden Karoline ausgesetzt sein? Das war für den Dichter zeitweise die Alternative. In Gesellschaft könne sein Eheweib zwar »ein Engel« sein; doch wehe, sie sei mit ihm und den Kindern allein, dann werde sie zur »Furie«. So Jean Paul, spürbar bekümmert, in einem Brief an den Schwiegervater in Berlin im Juli 1810.

Den Konflikt löste er auf typisch jean-paulsche Art. Der Meister der Abschweifung verdrückte sich morgens von zu Hause und kam erst am Abend wieder zurück, wenn die Ungeliebte, aber nun mal Angetraute, schon schlief. In der Zwischenzeit saß er in seiner Stube in der *Rollwenzelei,* einem ehemaligen Zollhäuschen auf dem Weg zur Eremitage. Dorothea Rollwenzel, die durch ihre Kochkünste bekannt gewordene Wirtin, die gerne weiße, gestärkte Hauben trug und den wortgewandten Autor bewunderte (»er ist nicht von dieser Welt!«), umsorgte ihn liebevoll wie eine Tagesmutter. Sie brachte ihm das zum Schreiben notwendige Bier auf die Stube und wachte darüber, dass die gekochten Kartoffeln auf dem Ofen nicht ausgingen.

Hatte der Dichter am Abend sein Tagespensum erfüllt und stieg die steile Treppe vom ersten Stock hinunter, so ging sie sicherheitshalber vor ihm, nur für den Fall, dass das reichlich genossene Bier ihn ins Schwanken kommen ließ. Eine schöne Arbeitsteilung hatte sich so über die Jahre herausgebildet. »Rollwenzeln« nannten es die beiden, und es hielt fast 20 Jahre lang, von 1805 bis 1825.

Ein »Verhängnis im Schlafrock« nannte Nietzsche in *Menschliches, Allzumenschliches II* den Dichter wegen dessen Hang zur Spießigkeit. Zudem sei er gegenüber den Dichtergrößen Goethe und Schiller »das bunte, starkriechende Unkraut«. Nett war das nicht. Ganz unzutreffend aber auch nicht.

32

Korn und Berg Universitätsbuchhandlung
Hauptmarkt 9
90403 Nürnberg
0911 22980
www.kornundberg.de

DIE BÜCHER-ZENTRALE

Korn und Berg Universitätsbuchhandlung

Fast hätte hier noch Dürer, der nur ein paar Schritte weiter wohnte, seine Bücher kaufen können. Er starb 1528, drei Jahre später (1531) wurde *Korn und Berg*, Deutschlands älteste Buchhandlung, gegründet. Sehr zentral am Nürnberger Hauptmarkt, der damals Herrenmarkt hieß. Da ist sie noch heute, trotz der Zerstörung gegen Ende des Zweiten Weltkriegs und trotz des grassierenden Buchhandlungssterbens, das auch Nürnberg nicht verschont. Sie ist so etwas wie die säkulare Konstante, der katholischen Frauenkirche gleich gegenüber, und das gedenkt sie auch zu bleiben.

Denn wer denkt schon an große Onlinehändler und ihre Gemischtwarenhandel, wenn er *Korn und Berg* kennt, die noch wie eine Buchhandlung aussieht und nicht wie ein von Kafka erfundenes Geisterschloss im WWW-Nirgendwo? Wo man mit etwas Glück die Objekte seiner Begierde gleich mitnehmen kann? Und wo Bücher von realen Menschen empfohlen werden und nicht von einem Browser, den auch noch keiner gesehen hat?

»Sehr angenehme Angestellte. Toller Service, klasse Beratung. Eine schöne Auswahl an Neuerscheinungen und Klassikern«, heißt es bei den Bewertungen. Was will man mehr? Hier findet man Menschen, für die Martin Walser oder Peter Handke ein Begriff sind und nicht nur ein Algorithmus. Die Bücher, o Wunder, noch lieben (und lesen), und die Schriftsteller noch persönlich kennen, wie der frühere Inhaber Thomas Kistner, der selbst wie ein Schriftsteller aussah (Saul Bellow), den Nürnberger Autor und ehemaligen PEN-Präsidenten Hermann Kesten. All das war, zugegeben, zu jener lang, lang zurückliegenden Zeit, als Buchhandlungen noch Zentren und Umschlagplätze des geistig-literarischen Lebens waren. Daran zu erinnern, braucht es Institutionen wie *Korn und Berg*.

33

Seehotel Malerwinkel
Überfahrtstraße 3
83700 Rottach-Egern
08022 673570
www.seehotel-
malerwinkel.de

Bayern wie im Bilderbuch

Seehotel Malerwinkel

Nein, Maler waren hier eher nicht. Der eine oder andere Lüftlmaler vielleicht, von dessen Werken Rottach-Egern voll ist und die beileibe nicht jedem gefallen. Der saß wahrscheinlich auf der Terrasse und hat seinen Apfelkuchen inkognito gegessen, aus naheliegenden Gründen. Denn dass Bayern oft ein arges Klischee ist, das haben Leute wie er zu verantworten.

Schriftsteller waren schon eher hier. Ludwig Thoma zum Beispiel, Volksdichter und Antisemit, Ludwig Ganghofer, ebenfalls Volksdichter und kein Antisemit. Zumindest ist die Ganghofer-Forschung noch auf nichts Derartiges gestoßen. Beide kamen in den Anfängen des letzten Jahrhunderts gerne in den *Malerwinkel* zum Essen, Trinken und Tarocken. Womit wir beim bekanntesten Gast wären, der hier saß und sich so sehr in den *Malerwinkel* verliebte, dass er ihn kurzerhand kaufte und sein »Blumenhäusl« nannte: Der Kammersänger Leo Slezak (1873–1946), der 1910 aus Böhmen-Mähren an den Tegernsee gekommen war und von hier aus seine Weltkarriere gesteuert und verwaltet hatte. Wien, Paris, New York, St. Petersburg: Es gab kaum eine große Opernbühne, wo der Wagner- und Verdi-Spezialist nicht gastiert hätte. Sein Heldentenor war gefragt, weltweit.

Wer heute an Leo Slezak denkt, tut das aber nicht zuletzt einer Fülle köstlicher Anekdoten wegen. Wie zum Beispiel dieser: Der Sänger, der auch ein großer Esser war, saß wieder einmal in seinem Lieblingsgasthaus und studierte die Karte. Als dann der Kellner fragte, was er denn zu speisen wünsche, sagte Slezak nur: »Gänse!« Heute liegt er auf dem St. Laurentius-Friedhof in Rottach-Egern.

Wir stellen uns aber abschließend noch vor, wie die drei, Slezak, Thoma und Ganghofer, beim Tarocken auf der Terrasse im *Malerwinkel* hocken, essen, trinken, reden und manchmal einfach nur auf den See, ins dahinterliegende Gebirge und auf ihren Hausberg, den Wallberg, schauen und seufzen: »Mei, is' des schee! Dou bleimer! Am besten für immer!«

34

Augsburger Puppenkiste
Spitalgasse 15
86150 Augsburg
0821 4503450
www.augsburger-puppenkiste.de

Neues und Altes aus der Mupfel

Die Augsburger Puppenkiste

Es ist eins der bekanntesten Theater im Lande und bei den Puppentheatern liegt es sogar europaweit an der Spitze: die Augsburger Puppenkiste. 1948 untergekommen in einem ehemaligen Spital und seitdem nicht mehr wegzudenken aus dem Theaterleben der Kleinen und der Großen sowieso. Maßgeblichen Anteil daran hatte das Fernsehen. 1953 ging mit *Peter und der Wolf* die erste TV-Produktion über die Bildschirme der damals jungen Bundesrepublik, da waren die großen Stars der Puppenkiste noch gar nicht geschnitzt.

Jim Knopf und Lukas, der Lokomotivführer, das Urmel aus dem Eis, Bill Bo und das Sams, Kalle Wirsch, Lehrerin Marzahn, die Katze mit Hut, die Lokomotive Emma, die fahren und fliegen kann: alles nur Holzköppe? Von wegen. Es sind Ikonen der Phantasie. Sie und all die anderen sorgten dafür, dass sich Alt und Jung, Groß und Klein, Kinder, Eltern und Großeltern einträchtig vor der Puppenkiste versammelten. Für viele waren es prägende Kindheitserlebnisse, die man nie mehr vergaß. Wie später Astrid Lindgren oder Karl May. Und das Schöne daran: Man kann die Erinnerungen alle aufheben wie eine Rolle Lakritze und sich bei Bedarf ins Kinderdasein zurückbeamen.

Nehmen wir das Stück *Kleiner König Kalle Wirsch.* Kalle herrscht im Reich der Erdmännchen, bis er eines Tages gekidnappt und an die Erdoberfläche verschleppt wird. Sein Erzfeind Zoppo Trump (hähä!) will ihn stürzen, da er eigene Ambitionen hat, und stellt Kalle eine Falle. Später in einen Gartenzwerg eingebacken, muss das Erdmännchen mit dem Schlimmsten rechnen. Doch die Menschenkinder Jenny und Max befreien Kalle. Zum Dank nimmt er sie, nachdem er sie geschrumpft hat, mit unter die Erde. Auf dem Weg dahin besteht er allerdings jede Menge Abenteuer. So muss er den gefährlichen Drachen Murrumesch besiegen, ehe es zum Duell mit Erzfeind Zoppo Trump kommt. Kalle Wirsch wächst dabei über sich hinaus und siegt mit 2:1 und das trotz einer verletzten Hand. Damit ist endgültig klar, wer Chef im Ring und damit bei den Erdmännchen ist.

Die Stones *bei ihrem Konzert in Augsburg*

Eine wichtige Rolle spielt auch Tutulla. Sie ist eine mit Kalle Wirsch befreundete Fledermaus, die Schweizer Dialekt spricht und die Erzählung vorantreibt, wenn Erzfeind Zoppo Trump mal wieder nicht weiterweiß, was ziemlich oft der Fall ist. Denn unter uns gesagt: Er ist ein lausiger Entführer. Die dünnen Arme zu lang, die Ohren zu groß, ein bisschen dumm, ist er immer irgendwie überfordert. Zum Glück hat er aber seine Untergebenen Quarro und Querro, die ihn unterstützen. Ohne sie wäre Zoppo Trump völlig im Arsch.

Irgendwann ist das Stück vorbei und die Puppen müssen zurück in die Kiste. Die Kinder klatschen und sind begeistert, und die Erwachsenen ebenfalls, wollen es aber nicht so zeigen. Bald schon geht sie weiter, die Geschichte vom kleinen König Kalle Wirsch, geschrieben und erdacht übrigens von der wunderbaren Tilde Michels.

Im Museum der Puppenkiste können die Figuren auch in spielfreier Zeit bestaunt werden. Von Frau Holle und dem Räuber Hotzenplotz, von der Hafenratte Monty Spinnerratz und dem kleinen Wassermann bis zu Jim Knopf und Lukas, dem Lokomotivführer, sind sie alle zu sehen. Dazu natürlich der Kaschperl (»I bin der Wichtigste überhaupt«) und seine Entourage. Kürzlich erst kam der millionste

Besucher. Kein Gerhard Polt, kein Wigald Boning, kein Bernhard Hoecker ist denkbar ohne sie. Selbst der eisenharte Til Schweiger hat sich unlängst als Fan geoutet. Kaum einer der Großen in Kino und Kabarett, Theater und Kleinkunst, der nicht mit der und durch die Puppenkiste sozialisiert wurde.

Dabei hat alles ganz schlicht begonnen. Das Schauspieler-Ehepaar Rose und Walter Oehmichen war Ende des Zweiten Weltkriegs wegen eines gemeinsamen Engagements ans Stadttheater Augsburg gekommen. Ihre wahre Passion fanden die beiden jedoch im Puppentheater. Bereits 1944 gab es erste Aufführungen, vier Jahre später begann mit dem Klassiker *Der gestiefelte Kater* der Spielbetrieb im früheren Spital.

Schnell wird die Bühne über Augsburg hinaus bekannt und es beginnt die Zeit der Fernsehaufführungen, zunächst mit dem Nordwestdeutschen Rundfunk (NWDR) in Hamburg, danach mit dem Hessischen Rundfunk (HR), dem Haussender der Puppenkiste. Bald erreicht man einen großen Popularitätsgrad, 95 Prozent aller Plätze sind in der Regel verkauft.

»Insgesamt haben wir im Jahr rund 160.000 Besucher«, sagt der aktuelle Spielleiter Klaus Marschall. Bekannt wurde die Bühne auch mit ihren Songs. Das Lummerland-Lied wurde gar zum Dancefloor-Hit. Und immer, wenn Fußball-Bundesligist FC Augsburg zu Hause ein Tor gelingt, wird es eingespielt.

Unter dem Strich: Eine wahre Erfolgsstory, diese Puppenkiste. Ohne dass sie deshalb dauernd die große Glocke läuten würde. Da sind schon Kalle Wirsch und Co vor. Sie sind so berühmt, dass sie großmäulige Propaganda nicht brauchen. Sie sind das Theater der Herzen. »Die Kindheit ist vorbei, wenn man bei der Augsburger Puppenkiste die Fäden sieht«, sagen ihre Fans. So ist es.

35

Museum Georg Schäfer
Brückenstraße 20
97421 Schweinfurt
09721 514820
www.museumgeorgschaefer.de

SPITZWEGS ÜBERSCHAUBARE WELT

Museum Georg Schäfer

Preisfrage: Wo gibt es die weltweit größte Carl-Spitzweg-Sammlung? Im *Lenbachhaus* in München, in der *Albertina* in Wien oder in der Stuttgarter Staatsgalerie? Oder in keiner von allen drei Galerien? Tatsächlich ist Letzteres richtig. Denn sie ist in der »Provinz« gelandet, im Museum Georg Schäfer in Schweinfurt. Es besitzt rund 290 Werke des Künstlers, der 1808 in München geboren wurde und 1885 dort starb, darunter Ölgemälde, Aquarelle, Zeichnungen, Collagen, Landschaftsbilder und die sogenannten Pointenbilder wie *Der arme Poet, Der Bücherwurm* oder *Der abgefangene Liebesbrief*, für die Spitzweg berühmt wurde.

In Schweinfurt hat der liebenswürdig-versponnene Spitzweg-Kosmos eine adäquate Heimat gefunden. Er passt optimal ins modern-elegante Schäfer-Museum direkt am beschaulichen Main mit Blick in die Altstadt. Für viele Kunstfreunde ist das im Jahr 2000 eröffnete Haus von Architekt Volker Staab zu einer wichtigen Ausstellungsadresse in Unterfranken geworden. So wurde es von der Zeitschrift *Merian* in eine Liste von 200 Höhepunkten deutscher Kultur-Reiseziele aufgenommen.

Carl Spitzweg lässt dabei den längst untergegangenen Zauber des Biedermeier noch einmal aufleben. Seine verwinkelte Welt verspricht Geborgenheit im Bekannten. Nicht umsonst wurde ihr Schöpfer als Meister der Idyllen bekannt. Dass er daneben auch großartige Landschaftsbilder und Porträts gemalt hat, wissen lediglich die Insider. Und ein Bild wie *Streitende Einsiedler* ist einfach eine ironisch-satirische Kostbarkeit.

»Hier muss man gewesen sein!«, sagen Besucher und loben die Sammlungen und die Wechselausstellungen gleichermaßen. Einige sprechen anlässlich der Schau zu Toulouse-Lautrec gar von einem »Museum von Weltrang«, in dem nicht zuletzt der »konservative Kunstfreund« auf seine Kosten käme. Den Meister hätte es sicher gefreut.

36

Landhaus der Familie Mann
Startpunkt für den Thomas-Mann-Weg: Stadtbibliothek Bad Tölz
Hindenburgstraße 21
83646 Bad Tölz
08041 780184
www.bad-toelz.de

Touristinformation
Max-Höfler-Platz 1
83646 Bad Tölz
08041 78670

WO DER ZAUBERER URLAUB MACHTE

Landhaus der Familie Mann

Thomas Mann genoss den Ausblick auf Bad Tölz, die Isar und das Gebirge. »Mit seiner klaren Luft, die uns so wohltut, ist der Kurort die ideale Sommerfrische«, schrieb er 1908 in einem Brief an seinen Freund Phillip Witkop. Thomas Mann hatte es gerne immer etwas schöner als andere. Abzulesen ist der exklusive Lebensstil nicht zuletzt an seinen Villen. Der Nobelpreisträger wohnte nicht, nein, er residierte.

Das war auf der Kurischen Nehrung in Nidden an der Ostsee, wo er an *Joseph und seine Brüder* arbeitete, nicht anders als zu Hause in der Münchener Villa in der Poschingerstraße (mit dem gut erreichbaren Wochenend-Domizil in Feldafing am Starnberger See). Das war während des amerikanischen Exils in Kalifornien nicht anders als in Bad Tölz, wo die Manns zwischen 1909 und 1917 sieben Sommer und zwei Winter in ländlicher Idylle verbrachten. Mit vier Kindern, Hund Motz und Gärtner. Letzterem fiel die undankbare Aufgabe zu, den Collie zu erschießen, nachdem dieser krank und räudig geworden war. Damals machte man das noch so.

Sein »Herrensitzchen« nannte Thomas Mann, gewohnt ironisch, das Landhaus in der Heißstraße in Bad Tölz. Es gibt ein Foto, auf dem die Familie sehr entspannt im Gras liegt, Thomas Mann freilich mit Strohhut, Anzug und Krawatte, ganz kultivierter Bildungsbürger auch hier. In der Nähe lag der »Klammerweiher«, der Lieblingsort von Thomas Mann in Bad Tölz. Dort holte er sich unter anderem Inspiration für die Arbeiten am *Felix Krull*, *Zauberberg* und *Tod in Venedig*.

Das Landhaus ist heute im Besitz des Ordens der Armen Schulschwestern und für die Öffentlichkeit nur an hohen Festtagen zugänglich wie zuletzt 2017, als man mit pompösem Programm an 100 Jahre Verkauf der Villa erinnerte. Thomas-Mann-Fans kommen dennoch auf ihre Kosten: Eine liebevoll eingerichtete Nachbildung des Arbeitszimmers findet der Besucher im ersten Stock der Stadtbibliothek Bad Tölz und der Thomas-Mann-Rundweg führt am Landhaus vorbei.

37

Museum Wolfram von Eschenbach
Wolfram-von-Eschenbach-Platz 9
91639 Wolframs-Eschenbach
09875 975534
www.wolframs-eschenbach.de

Der Ort, der sich nicht ändern mag

Museum Wolfram von Eschenbach

Wer gelegentlich eine Flucht in die Vergangenheit braucht, hier ist er richtig. Alles wirkt, als käme gleich Wolfram von Eschenbach um die Ecke geritten. 1993 ist der Roman *Der Rote Ritter: Eine Geschichte von Parzival* des Schweizer Autors Adolf Muschg erschienen. Der Schmöker von über 1.000 Seiten wird immer wieder neu aufgelegt. »Eine Kombination von Heiterkeit und tiefstem Ernst – wie Mozarts Musik« sei ihm da gelungen, freute sich Muschg. »Ein Buch von außergewöhnlichem Reichtum, ein begeisterndes sprachliches Kunstwerk«, assistierte die Neue Zürcher Zeitung. Wer es nicht glaubt, im Shop des Wolfram-von-Eschenbach-Museums im Ort kann er sich davon überzeugen. Das Buch ist immer vorrätig, genauso wie vieles andere zu und über Wolfram von Eschenbach und den Gralssucher Parzival, die von ihm geschaffene Weltfigur. Eingerichtet wurde das sehenswerte Museum, das ohne ein einziges Utensil aus Wolframs Zeit auskommen muss, von Mediävisten der Erlanger Uni. Ihnen gelang das Kunststück, quasi aus dem Nichts einen Gedenkort einschließlich seines Genius Loci zu schaffen. Denn eines ist klar: Der um 1220 gestorbene Dichter und Minnesänger ist unsterblich. Nicht zuletzt dank Richard Wagner, der dem Wolfram-Mythos ebenso wenig widerstehen konnte wie viele vor und nach ihm.

Der Ort Wolframs-Eschenbach mit seinen knapp 3.000 Einwohnern im westlichen Mittelfranken legt davon ein stimmungsvolles Zeugnis ab. Eine mittelalterliche Stadtmauer, kleine geduckte Häuser, urige Kneipen, Kopfsteinpflaster und Laternen, Nachtwächterführungen, ein Ritterspielplatz: Die Gemeinde hat sich einiges einfallen lassen, um den Eindruck zu vermitteln, sie sei aus der Zeit gefallen. Rund 20.000 Übernachtungen pro Jahr geben ihr recht. Klar, es ist vor allem das Bildungsbürgertum, das die Zeitreise in die Vergangenheit unternimmt. Denn auch das Deutschordensschloss aus dem 13. Jahrhundert und das gotische Liebfrauenmünster mit seinem prächtigen Rosenkranzaltar wollen besichtigt und gewürdigt werden. Man kann Wolframs-Eschenbach nicht beschreiben, man muss es erleben.

38

Richard Wagner Museum
im Haus Wahnfried
Richard-Wagner-Straße 48
95444 Bayreuth
0921 7572816
www.wagnermuseum.de

WO DER MEISTER RESIDIERTE

Richard Wagner Museum im Haus Wahnfried

Wir wollen Wagner nicht zu lange warten lassen mit seinem Auftritt. Sonst beginnt er wieder zu schreien. Wie, gibt es nicht? Und wie war das bei der Einladung in Zürich? Der Meister fühlte sich nicht ausreichend beachtet und begann einfach laut zu schreien. Manchmal stand er auch schlicht Kopf, der kleine Mann mit dem gewaltigen Schädel. Zum Beispiel, als er in der Bibliothek den brasilianischen Kaiser empfing. Auf dem Flügel balancierend, streckte er beide Beine in die Luft. Wagner liebte solche Scherze, genoss in vollen Zügen die Verblüffung, die er damit auslöste. Was für eine Lust, sich als französische Kurtisane zu verkleiden, auf Bäume zu klettern, Zeitgenossen nachzumachen oder bei Isoldes Liebestod unter den Tisch zu kriechen und wie ein Hund zu heulen!

Daneben gab es den düsteren, grüblerischen Wagner. Jenen, der sich an sein Haus in Marmor meißeln ließ: »Hier wo mein Wähnen Frieden fand/WAHNFRIED/sei dieses Haus von mir benannt.« Darunter in goldenen Buchstaben Wagners Namenszug, darüber eine Allegorie auf das Kunstwerk schlechthin: Wotan als Wanderer und Philosoph, den Weisheitsraben bei sich, zur Linken die griechische Tragödie, zur Rechten die Musik und zu den Füßen Klein Siegfried mit Pfeil und Bogen. Davor die Büste von Ludwig II., dem König, Mäzen und Freund. Umfassender, monumentaler geht's nicht, Wagners Wohnhaus ist große Oper.

Im Februar 1872 hatte er den Bauplatz erworben, zwei Jahre später zog die Familie in das Haus im Stil der Neurenaissance ein. Wagners Arbeitszimmer befand sich im Obergeschoss rechts; hier vollendete er die *Götterdämmerung,* den vierten Teil seiner Tetralogie *Der Ring des Nibelungen.* Im Erdgeschoss eine große, als Konzertsaal genutzte Halle, Wohnzimmer, Salon und Bibliothek sowie ein 100 Quadratmeter großer Saal, durch den man über eine Rotunde in den Garten kam. Mittlerweile befindet sich dort die Gruft von Richard und Cosima Wagner.

39

E.T.A. Hoffmann-Haus
Schillerplatz 26
96047 Bamberg
0951 2976200
www.bamberg.info

DER UNGLÜCKLICH VERLIEBTE

E.T.A. Hoffmann-Haus

Der Schillerplatz in Bamberg, gar nicht so weit vom Dom entfernt, müsste eigentlich E.T.A.-Hoffmann-Platz heißen. Hier befindet sich das gleichnamige Theater, hier lebte der Autor, Komponist, Musiklehrer und Maler von 1809 bis 1813 in einem schmalen Häuschen, dem heutigen Museum; hier unterrichtete er die 13-jährige Julia Mark, in die er sich so sehr verliebte, dass fortan alle Frauenfiguren ein wenig wie Julia Mark aussahen; hier entstanden wichtige, die Romantik prägende Werke wie *Der goldene Topf, Don Juan* oder die Erzählung vom sprechenden Hund *Berganza.* Auch das Libretto für de la Motte Fouqués Oper *Undine* verfasste er hier.

Nur vier Jahre verbrachte E.T.A. Hoffmann in diesem Häuschen, zuvor hatten die Hoffmanns schon in einer anderen kleinen Wohnung in der Stadt an der Nonnenbrücke gewohnt. Lange war es also nicht, doch es waren entscheidende Jahre, selbst wenn er sie später bitter als seine »Lehr- und Marterjahre« bezeichnete.

Wichtiger Begleiter des Autors auf seinen Ausflügen aus einer bedrückenden Realität ins Phantastische: der Alkohol. Ohne Wein, Bier, Punsch ging nichts. Letzterer war ein hochprozentiges Getränk, dem er sehr zugetan war (»heute wieder toll und voll gesoffen«) und den man heute wohl als *Feuerzangenbowle* bezeichnen würde. Vielleicht kommt das Spukige in seinem Werk auch daher. Daneben mag der Ort eine Rolle gespielt haben: Der Autor schrieb im »Poetenstübchen« unter dem Dach, seinem »Loch«, wie er es nannte.

»Ich denke mir mein Ich durch ein Vervielfältigungsglas – alle Gestalten, die sich um mich herum bewegen, sind Ichs, und ich ärgere mich über ihr Tun und Lassen.« Das schrieb E.T.A. Hoffmann (1776–1822) am 6. November 1809 in sein Bamberger Tagebuch. Es ist eine für seine Zeit erstaunlich moderne Sicht der Dinge, die von vielen anderen Künstlern übernommen wurde. »Ich bin viele«, fand etwa (und viel später) Pablo Neruda, chilenischer Lyriker und Nobelpreisträger.

40

Valentin-Karlstadt-Musäum
Im Tal 50
80331 München
089 223266
www.valentin-musaeum.de

NEUES VOM LINKSDENKER

Valentin-Karlstadt-Musäum

»Jedes Ding hat drei Seiten. Eine positive, eine negative und eine komische.« Speziell auf letztere verstand sich der Mann, der mit bürgerlichem Namen Valentin Ludwig Fey hieß, sich aber bald nur noch Karl Valentin nannte. Berühmt wollte er werden und dafür brauchte es eben einen handlichen Namen, den das Publikum sich merken konnte. (»›Valentin‹ übrigens mit ›Vau‹ und nicht mit ›W‹ gesprochen«.)

Der Ruhm stellte sich ein, sonst hätte der Spindeldürre heute nicht seinen eigenen Brunnen am Viktualienmarkt, bei dem Verehrer immer wieder frische Rosen anstecken. Nur wenige Schritte entfernt ist im Isartorturm das *Valentin-Karlstadt-Musäum* untergebracht, das sich absichtlich falsch schreibt und Kuriositäten zeigt wie den *Winterzahnstocher* (mit Pelz) oder den Nagel, an den der gelernte Schreiner seinen Beruf gehängt haben will. Es ist voll mit Sonderbarkeiten und ganz oben im Turm hat man einen schönen Blick ins »Tal«, wie die Einkaufs- und Brauhausmeile in Richtung Sendlinger Tor hier heißt. Valentinesk ist der Eintritt zum *Musäum* geregelt: Erwachsene zahlen 2,99 Euro, Kinder (aber nur ohne Kaugummi) 1,99 Euro und 99-Jährige in Begleitung ihrer Eltern gar nix.

Valentin, wie er bald nur noch hieß, wurde 1882 in München geboren und starb 1948 an einem Rosenmontag in Planegg an den Folgen einer Lungenentzündung, die er sich wohl in seiner unbeheizten Garderobe geholt hatte. Die Angst, zu verarmen und beispielsweise die Wohnung nicht heizen zu können, zieht sich wie ein roter Faden durch sein Werk.

Zum Zeitpunkt seines Todes war der Komiker, Volksschauspieler, Autor, Filmproduzent und Misanthrop längst zur Legende geworden, weit über München hinaus. Nicht umsonst beruft sich noch heute das Who-is-who der komischen Branche wie Gerhard Polt, Holger Paetz *(Ohne mich wird's auch nicht besser)* oder Helge Schneider auf ihn, nicht umsonst hat er bei Autoren wie Beckett, Brecht, Tucholsky und Loriot seine Spuren hinterlassen. Und nicht umsonst hat ihm

Eine Ausstellung für die Konkurrenz (Volkssängerausstellung)

Tucholsky alias Peter Panter in der Wochenzeitschrift *Die Weltbühne* 1924 ein besonders schönes Porträt gewidmet:

»Ein zaundünner, langer Geselle, mit langen, spitzen Don-Quichotte-Beinen, mit winkeligen, spitzigen Knien, einem Löchlein in der Hose, mit blankem, abgeschabtem Anzug. [...] Und es beginnt die seltsamste Komik, die wir seit langem auf der Bühne gesehen haben: ein Höllentanz der Vernunft um beide Pole des Irrsinns. [...] Ich muß lange zurückdenken, um mich zu erinnern, wann in einem Theater so gelacht worden ist.«

Längst ist Karl Valentin und sein vertrackter Humor Thema in der Wissenschaft geworden, bereits in den 1970er-Jahren bei den Germanisten an der Universität Erlangen-Nürnberg. Ein ganzes Semester lang wurden Valentins Texte, Filme, Lieder und Theaterstücke analysiert, nach allen Regeln der gerade angesagten Kunst der Dekonstruktion. In einem Atemzug mit den Sprachspielen eines Ludwig Wittgenstein oder den Kommunikationsdesastern eines Paul Watzlawick wurde er genannt. Auch als Dadaist und als Vorläufer des Absurden Theaters galt er vielen. Sein am helllichten Tag verpulvertes Brillantfeuerwerk oder die rabiate Zerstörungslust im Schallplattenladen, wo er auf der Suche nach dem Schall eine Platte nach der anderen zerbricht, legen es nahe. Interessant dabei: Es bleibt immer ein Rest, der sich jedem analytischen Furor widersetzt. Keiner hat ihn je ganz verstanden, am allerwenigsten er selbst. »Er ist ein Phänomen und spottet der Analyse«, schrieb der Wiener Kritiker Alfred Polgar in einem Prosastück über den Künstler.

Im Tonfilm-Schnipsel *Die Erbschaft* aus dem Jahr 1919 sehen wir das Ehepaar Meier alias Liesl Karlstadt und Karl Valentin. Es ist bitterarm, der Gerichtsvollzieher geht bei ihm ein und aus, die Wohnung wird leerer und leerer, Herrn Meiers Zigarre, das Sinnbild des Untergangs, ist längst kalt geworden. Da erreicht sie die Nachricht vom Tode eines reichen Onkels aus Amerika, der ein stattliches Erbe hinterlassen hat. Alles scheint gut zu werden, doch als die ersten Erbstücke eintreffen, stellt sich heraus, dass der Onkel und seine Familie kleinwüchsig waren. Tapfer quälen sich die Meiers in die zu kurzen Betten, doch bald liegen sie – eng umschlungen – am Fußboden und mit dieser trostlosen Szene endet der Film. Dem Betrachter gefriert wie so oft das Lachen im Hals.

Zur Wahrheit gehört aber auch: Als Künstler war Valentin ein Genie, als Mensch eine Katastrophe. An den Neurosen, die ihn zeitlebens quälten, ließ er seine Umgebung großzügig teilhaben. Nicht nur Liesl Karlstadt konnte davon ein Lied singen. Verheiratet mit Gisela Royes, mit der er zwei Kinder hatte, führte er mit ihr eine Parallelbeziehung. Sie war Muse, Geliebte, Bühnenkollegin und Stichwortgeberin in einem. Die gemeinsamen Sketche schrieb er so, dass die Pointen bei ihm blieben. Er wollte der Publikumsliebling sein, sie sollte ihn dabei nur unterstützen. Mehrmals musste Liesl Karlstadt in die Psychiatrie, weil sie seine Macken und Marotten nicht mehr aushielt. Beenden konnte sie die Amour fou aus eigener Kraft jedoch nicht. Erst als Valentin 1948 starb, war sie von ihm befreit.

Liesl Karlstadt – Schwere Jahre 1935–1945 lautet der Titel einer Biographie über Liesl Karlstadt von Sabine Rinberger und Andreas Koll. Beide sind Experten in Sachen Karlstadt-/Valentin-Forschung. Der Band ist erhellend und intelligent. Lustig ist er nicht.

41

Antiquariat Liber-Mann
Brautgasse 2
95444 Bayreuth

KEIN PLATZ, SICH UMZUDREHEN

Antiquariat Liber-Mann

»Bücher sind schon immer meine Leidenschaft«, erzählt Dieter Liebermann. Bereits als er noch berufstätig und für die Deutsche Rentenversicherung in ganz Deutschland unterwegs war, hat er die Zeit zwischen zwei Sitzungen genutzt, um nach seltenen Exemplaren zu suchen. »Biblioman« nennt der Antiquar (»Ich habe das nicht wirklich gelernt«) diese besondere Form des Jagens und Sammelns.

Freilich, die reiche Ernte droht ihn nun aus seinem schmalen Eckladen in der Brautgasse zwei förmlich rauszusprengen. An die 30.000 Exemplare – alt, neu und sehr alt – bis unter die Decke gestapelt auf einer Fläche von 40 Quadratmetern. Man wundert sich nicht, wenn man vom einen oder anderen Stammkunden des Liebermann'schen Bücherkosmos hört, er habe sich darin nicht mehr umdrehen können. Dafür hat er jedoch ein handsigniertes Exemplar von *Narziß und Goldmund* gefunden, das bei Hesse selbst schon im Regal gestanden hat. Oder er stößt auf ein zerlesenes Bändchen von Sartre, Camus, Simone de Beauvoir. Das Dreigestirn des französischen Existentialismus schätzt Liebermann besonders.

Ausbalanciert wird der gewaltige Bücherfundus mit Schallplatten. Gutes, altes Vinyl, zerbrechlich, anachronistisch, kostbar. Die Operndirigate von Georg Solti, in Bayreuth kein Unbekannter. In Liebermanns Buch- und Plattenhöhle hat er in Kassettenstärke überlebt. Daneben der Pop der 60er- und 70er-Jahre.

»Ganz früher war hier eine Bäckerei«, erzählt Liebermann, »dann wohnte Hans Schemm, der NS-Gauleiter, hier und ich mach jetzt sozusagen das Gegenprogramm.« Seit über drei Jahren ist der 1944 geborene Buchmensch nun in seinem Reich. Er, der gerne das »e« aus seinem Namen streicht und dann als Liber-Mann firmiert, was zwar nicht direkt aus dem Lateinischen kommt, aber immer noch beeindruckend klingt – schließlich bedeutet das lateinische Wort »liber« im Deutschen »Buch«.

Wie hieß es in Camus' Werk *Der Mythos von Sisyphos*? »Man muss sich Sisyphos als glücklichen Menschen vorstellen.« Wir ergänzen: »… und als Antiquar!«

42

Eichstätt
Startpunkt für einen Spaziergang:
Tourist-Information
Domplatz 8
85072 Eichstätt
08421 6001400
www.eichstaett.de

DIE BAROCKE PERLE

Streifzug durch die Altmühlstadt

Eichstätt, die italienisch-barocke Perle im Altmühltal. Bischofsstadt, Unistadt, städtebaulich-architektonisches Juwel. Mehr ins Bayerische als ins Fränkische orientiert, eine Art kulturelles Grenzland. Nürnberg, geografisch näher, ist mentalitäts- und kulturgeschichtlich weiter entfernt als München, der eigentliche Taktgeber. Man liest eher den *Donaukurier* als die *Nürnberger Nachrichten*, isst eher eine Haxe als ein Schäufele und fährt lieber zu den Bayern als zum Club nach Nürnberg. Man fühlt sich auch mehr der Tradition des Barock als der des Mittelalters verpflichtet. Sprachlich tendiert man ohnehin stärker zum Singsang des Alpenländisch-Altbayerischen.

Die Altmühl selbst, das erkennt man auf einer Radtour von Eichstätt nach Kipfenberg, dem geografischen Mittelpunkt Bayerns, ist träge und kraftlos geworden, seit mit ihrem Wasser der künstlich geschaffene Altmühlsee geflutet wurde. Das Tal freilich mit seinen Wacholderhängen und einladenden Gehöften ist reizvoll geblieben.

Zurück nach Eichstätt. Geniale Baumeister prägen die Stadtgeschichte: Jakob Engel (auch Jacomo Angelini genannt), Gabriel de Gabrieli, Maurizio Pedetti, Jahrhunderte später dann Karljosef Schattner, Karl Frey oder Stararchitekt Günter Behnisch, der in den Altmühlauen die wunderbar luftig-leichte Zentralbibliothek der Katholischen Universität Eichstätt-Ingolstadt baute. Kaum eine Stadt dieser Größe (knapp 14.000 Einwohner) hat eine vergleichbare städtebauliche Pracht vorzuweisen, gekrönt von der Willibaldsburg und dem Garten Hortus Eystettensis.

Jeder Aufenthalt in Eichstätt wirkt wie ein kleiner Urlaub. Natur und Kultur bilden eine anregende Symbiose, Gegenwart und Vergangenheit ebenso. Selbst der Klerus und die profane Welt kommen bis auf einige wenige Ausnahmen gut miteinander aus. Ein Städtchen zum Verlieben.

43

Stiftsbibliothek in der **Zisterzienserinnen-Abtei Waldsassen**
Basilikaplatz 2
95652 Waldsassen
09632 92000
www.abtei-waldsassen.de

Von Dummheit und Ignoranz

Stiftsbibliothek in der Zisterzienserinnen-Abtei

Wird es das künftig überhaupt noch geben? In einer durch audiovisuelle Medien geprägten Zukunft? Diese Wallfahrten in die Welt des Wissens, der Gedanken, der Bücher? Das andächtige Staunen, wenn man sie betritt und in Filzpantoffeln über den Parkettboden gleitet, den Blick auf die bis zur Decke reichenden Regale gerichtet? Oder sind E-Book-Reader irgendwann das, was früher die Bibliotheken waren? Aber wohin wird man fahren, wenn man alles daheim auf dem Bildschirm hat? Gehören dann Ausflüge wie in die Stiftsbibliothek Waldsassen der Vergangenheit an?

Noch kommen jedes Jahr 100.000 Besucher, um den bibliophilen Schatz in der Zisterzienserinnen-Abtei zu bewundern. Besondere Attraktion: Die zehn lebensgroßen, von Karl Stilp zwischen 1724 und 1726 geschnitzten Holzfiguren, die menschliche Laster im Umgang mit Wissen und Gelehrsamkeit verkörpern. So der arrogante *Besserwisser,* der *Intrigant,* der *Aufschneider* oder der *Ignorant.* Ausgesprochen kunstvoll ist der *Heuchler* mit dem Vogel der Selbsterkenntnis gelungen. Er steckt in einem geistlichen Gewand, aus dem die mit Fell bekleideten Beine und Füße ragen. Seine Hände sind vor dem Körper gefesselt, auf dem Kopf sitzt eine Art Storch, der ihn mit seinem langen Schnabel in die Nase zwickt. Sein Motto »Erkenne dich selbst!« führt er auf eindrucksvolle Weise ad absurdum.

Sehenswert sind auch die Deckenfresken mit Szenen aus dem Leben des Bernhard von Clairvaux, dem Ordensheiligen der Zisterzienser. Der Buchbestand hat dagegen nur noch marginale Bedeutung, denn ein großer Teil der Bibliothek ist im Zuge der Säkularisation um 1803 verschwunden. Gleich neben der Bibliothek liegt die barocke Stiftsbasilika. Sie entstand zwischen 1689 und 1704 und ist ein Gemeinschaftswerk böhmischer, bayerischer und italienischer Künstler. Mit ihrem einladenden Ambiente und dem reich verzierten Chorgestühl ist sie ein idealer Ort für Orgelkonzerte.

44

Zeitungscafé in der
Stadtbibliothek Nürnberg
Wespennest 4
90403 Nürnberg
0911 2447141

Warum ich lieber Zeitung lese

Zeitungscafé in der Stadtbibliothek

Natürlich hab ich auch eins. Manchmal brummt es, manchmal blinkt es, dann kommt was rein oder ist schon drin. Immer superwichtig, klar. Ohne den Gestus des Wichtigen geht nichts im Netz. Ich wische, also bin ich.

Manchmal ist das Ding freilich auch ganz praktisch. Wenn zum Beispiel der Club gegen den HSV spielt und ich nicht ins Stadion kann. Dann pinne ich das Spiel an und bin praktisch dabei, ergebnismäßig. Kaum ist der Ball hinter der Torlinie, hab ich's auf dem Handy. In der Zeitung steht's dagegen frühestens morgen. Oder wenn ich mich im Pariser Norden wieder mal verlaufen habe, dann frag ich das Ding, ob ich jetzt links oder rechts muss, und es sagt es mir. Genial, oder?! Machen Sie das mal mit einer Zeitung, da sehen Sie alt aus. Sogar mit *Le Monde.* Sogar mit *Le Canard enchaîné.*

Wenn ich dann freilich wissen will, ob sich das Stück, das sie gerade spielen am altehrwürdigen Théâtre des Bouffes du Nord, überhaupt anzuschauen lohnt, greife ich lieber zur Zeitung. Da äußern sich die, die was davon verstehen. Vom Theater, vom Fußball, vom Leben. Immer, wenn es in die Tiefe geht, ziehe ich die Zeitung vor.

Da ist die Sachkompetenz zu Hause. Nicht nur Meinung und nochmal Meinung, gestützt von ein paar zweifelhaften News. Mal stimmen sie, mal nicht. Nie mussten sie durch einen redaktionellen Filter, nie sich behaupten auf einer Konferenz von Experten, im Nahkampf mit Gegenmeinungen. Heißt: Der ganze Quatsch, den spätestens der Ressortleiter streichen würde, bleibt drin. Wie im Fisch der Darm und die Innereien. Das Facebook-Gewese, das Instagram-Getue, das Getwittere. All der Schmonzes derer, die zu allem eine Meinung haben und sie nicht für sich behalten können. Die Netz-Diarrhö. Das Handy transportiert sie, so dumm ist es.

Vor allem aber ist die Zeitung deutlich witziger. Oder wo gibt es im Netz Autoren und Kolumnistinnen wie Kurt Kister (Süddeutsche Zeitung), Peter Kümmel *(Die Zeit)*, Don Alphonso *(Die Welt)* oder Maike Winnemuth vom ansonsten furchtbar ernsten *stern?* Wo

Außer Lesen nichts gewesen

wird man online so intelligent unterhalten wie von Martenstein, Hacke oder Sibylle Berg? Bei welchem Blogger, mit oder ohne Irokesenschnitt? In welcher Gift-und-Galle-Grube oder -Gruppe? Frisst nicht das Netz seine Kinder und bestraft sie mit Anonymität und schnellem Vergessen?

Wenn ich mir dagegen von Christof Kneer (Süddeutsche Zeitung) erzählen lasse, warum die Bayern leider wieder verloren haben, ist das ein ästhetisches Vergnügen, das den Reiz der bloßen Ballschieberei auf dem Platz weit übertrifft. Es gibt Texte, die sind so premium, dass man von ihnen mehr hat als vom Spiel selbst. Im Handy hab ich sie noch nicht gefunden und, wenn doch, dann konnte ich sie nicht lesen, weil der Display so fuzziklein war. Handy, das ist das Gerät für Anspruchslose. Massenhaft und verbraucht wie eine qualmende Socke. Schon formiert sich erster Widerstand. »I miss my pre-internet brain«, sagt da mancher, auch unter den Jüngeren.

Neue Erkenntnisse in der Leseforschung belegen, dass Lesen im traditionellen Sinne die Empathie steigern kann. Wer eine Effi Briest oder einen Fürst Myschkin (den bei Dostojewski, ja) über mehrere hundert Buchseiten begleitet (und nicht nur darüber hinweghuscht), entwickelt eine andere Nähe und Einfühlung als bei oberflächlichen Ex-und-Hopp-Kontakten. Die amerikanische Leseforscherin Maryanne Wolf hat dazu ein überzeugendes Buch geschrieben. *Schnelles Lesen, langsames Lesen* zeigt, dass es sehr wohl einen Unterschied macht, ob man am Bildschirm oder auf Papier liest. Selbst dann, wenn es sich um denselben Stoff handelt. »Deep reading«, sagt die Wissenschaft dafür. Dies gilt, mutatis mutandis, auch für die Zeitung. Am Bildschirm lese ich, was ich lesen muss; auf Papier, was ich lesen will.

Zeitung lesen ist einfach schön. Entspannend, anregend, schön. Eine vorgefilterte Weltaneignung von jemand, der nur selten zu den Dummen zählt. Dazu ist die Journalistenausbildung hierzulande zu gut, dazu ist auch die Konkurrenz unter den Kollegen zu stark. Ach, wenn sich das doch ebenso vom Netz sagen ließe!

Bleibt die Glaubwürdigkeit (und mit ihr die Orientierung). Für beides ist das Netz nicht gerade berühmt. Trüb die Quellen, zufällig und ganz dem jeweiligen Zeitgeist ergeben die Orientierung. Helden sind es jedenfalls nicht, die da – verborgen unter der Tarnkappe ihrer Kunstnamen – mit den Wölfen heulen. Grundiert von einem Dauerhass, den sie so berserkerhaft nur im Netz ausleben können. Gäbe es die einschlägigen Portale nicht, sie würden wohl was anzünden.

Orientierung und Glaubwürdigkeit entstehen so eher nicht. Eine große Mehrheit aller Medien-Nutzer spürt das instinktiv. Bei ihnen liegt die Zeitung in puncto Glaubwürdigkeit immer noch weit vorne. Dann kommen irgendwann Funk und Fernsehen und abgeschlagen am Schluss erst das Netz, wo jeder darf, aber oft nicht kann.

Das gleiche Bild bei der Orientierung. Oder schaut jemand im Netz nach, wie Putins jüngste Rochade zu interpretieren ist? Da greift man dann doch lieber zum Leitartikel in der *SZ, FAZ, Zeit* oder dem *Spiegel.* Dahinter steckt immer ein kluger Kopf und nicht die Konfusion vom Tage, die schnelle Likes und ein Rudel Follower braucht.

Wie auch immer: Die Zeitung gehört zu meinen liebsten Lebensmitteln wie Brot oder Pasta oder Weintrauben. Die Abweichung vom Zeitgeist gönn ich mir.

45

Circus Krone
Marsstraße 43
80335 München
089 5458000
www.bau.circus-krone.com
www.circus-krone.com

MENSCHEN, TIERE, SENSATIONEN

Circus Krone

Allein die Namen ließen Kinderherzen höherschlagen: Althoff, Brumbach, Barum, Sarrasani, später dann Roncalli, das zauberisch-poetische Gesamtkunstwerk unter der Leitung von Urgestein Bernhard Paul. Sie waren so legendär wie die Clowns, die bei ihnen auftraten: Charlie Rivel, Grock, Oleg Popov, später dann Peter Shub, der pantomimische Clown mit Hut, der mehrfach das Internationale Zirkusfestival in Monte Carlo gewann. Manche Vorführungen prägten sich ein als unvergessliches Bild fürs ganze Leben.

Ein großer Name aus dem Goldenen Zeitalter des Zirkus fehlt noch: Krone, 1920 gegründet von Carl Krone und nach eigenen Angaben der größte reisende Zirkus der Welt. Ihn gibt es, im Unterschied zu vielen anderen, die irgendwann das Handtuch warfen wie ein melancholischer Clown, immer noch und er erfreut sich ungebrochener Beliebtheit. Allein in den ersten Monaten 2019 sahen rund 450.000 Besucher die rasante Show im Stammquartier an der Marsstraße und ließen sich von der bewährten Mischung aus Artistik, Tierdarbietungen und Clownerie begeistern. Das ist sechsmal eine ausverkaufte Allianz Arena, wenn der FC Bayern spielt. Sterbende Branchen sehen anders aus.

In einem langen Gespräch mit der Süddeutschen Zeitung plauderten die aktuellen Besitzer Jana Lacey-Krone und Martin Lacey über die 100 Jahre lange Geschichte ihres Unternehmens. Nicht zuletzt Jana Lacey-Krone, Adoptivtochter und Erbin von Christel-Sembach-Krone, der Vorbesitzerin, wartet mit vielen Schmankerln auf. So kostet allein das Fleisch, das ihre 26 Löwen verschlingen, 20.000 Euro im Monat. »Bestes argentinisches Rindfleisch« übrigens, wie sie betont. Aktuell ist der Circus Krone ein mittelständisches Unternehmen mit 150 festen Mitarbeitern, dazu kommen noch 60 Artisten. Viele von ihnen arbeiten nur noch im Winter hier, im Sommer bevölkern sie dann die Varietés und Dinner-Theater oder feilen an ihrem Programm.

Der Zirkus ist also beileibe nicht tot. Nein, die Kapelle hat schon Platz genommen und gleich wird der Zirkusdirektor in der blauen Livree mit den goldenen Kordeln in die Manege kommen.

NATUR

46

Heimatapfel – Obsthof Willhalm

Kellereiweg 26
88131 Lindau (Bodensee)
08382 26282
www.derheimatapfel.de

KLEINE APFELGARTEN-MEDITATION

Obstbau Willhalm

»Eine Augenweide«, sagt die Obstbäuerin und blickt in die Bäume. »Wenn ma des so sieht, denk i immer, isch die Welt wieder in Ordnung«. Sie spricht von der Apfelblüte auf ihrer Plantage, so groß wie 54 Fußballfelder. Oft dreht sie am Abend noch eine Runde mit dem Fahrrad unter den blühenden Bäumen, es beruhigt und bezaubert sie. Ein schöneres Ritual vor dem Schlafengehen gibt es kaum.

Eine Meditation unter freiem Himmel. Ein Meer aus weißen Blüten, da und dort und je nach Sorte in ein zartes Rosa hinüberspielend, leicht wie Schnee, filigran ohne Ende, ein Versprechen. Der Sommer wird kommen, lautet seine Botschaft. Dabei erzählt der Bauer, dass er mit dem Traktor die Bäume »ausdünnen« muss von den viel zu vielen Blüten: der reine Überfluss, zu viel des Guten. Der Mensch greift ordnend ein.

Ein paar Monate später sind die Bäume schwer geworden, an ihnen sind Früchte gewachsen und sie wollen geerntet werden. Rainer Maria Rilke, der erstmals 1897 und später immer wieder am Bodensee Urlaub machte, hat daraus das Gedicht *Der Apfelgarten* gemacht. Von »Bäume[n] wie von Dürer, die/das Gewicht von hundert Arbeitstagen/in den überfüllten Früchten tragen« spricht Rilke, und wie dieses Wunder der Natur dem Menschen ein Beispiel dafür ist, was entsteht, »wenn man willig, durch ein langes Leben/nur das Eine will und wächst und schweigt.«

Zusammen mit einem Korb voller Äpfel ist diese Apfelplantage Genuss pur. Man kann die wundervollen Bodensee-Gedichte von Rilke dazu lesen oder sie sich bei *YouTube* vorlesen lassen. Man kann dann einen Apfel essen oder ein Glas Apfelwein trinken und einfach nur in die Baumkrone schauen. Bäume haben etwas Beruhigendes, Apfelbäume sowieso.

»Die Dörfer sind wie ein Garten«, beginnt Rilkes Gedicht *Bodensee*. Es ist sozusagen windstill und erinnert an ein Gemälde von Paul Klee. Doch das ist wieder eine andere Geschichte.

47

Rauher Kulm
Startpunkt:
Wanderparkplatz
Rauher Kulm
Kemnather Straße
95514 Neustadt am Kulm

Informationen:
Neustadt am Kulm
Marktplatz 39
09648 273
www.neustadt-am-kulm.de

Kegel mit Rundblick

Rauher Kulm

Jean Paul, *der* fränkische Schriftsteller schlechthin, kam immer wieder her – auf den Rauhen Kulm in der Oberpfalz, einige Kilometer südlich von Kemnath. »Nur Reisen ist Leben«, befand er, »wie umgekehrt das Leben Reisen ist.« Außerdem hatte er es von Bayreuth, wo er zuletzt lebte, nicht weit: 23 Kilometer war der imposante Basaltberg nur entfernt. Der herrliche Rundblick von der Spitze auf das Fichtelgebirge, die Fränkische Alb und die nördliche Oberpfalz war neu für den 1763 in Wunsiedel geborenen und 1825 in Bayreuth gestorbenen Autor.

Der Rauhe Kulm, ganze 682 Meter hoch, dafür aber 21 Millionen Jahre alt, ist ein kegelförmiger Vulkan, der nie zum Ausbruch kam. Er entstand durch tiefe Risse in der Erdkruste, die sich im Zusammenhang mit der Auffaltung der Alpen ergaben. Das dunkle Magma aus dem Erdmantel in 50 Meter Tiefe erstarrte auf dem Weg nach oben. Der Druck sorgte aber immerhin dafür, dass die Basaltsäulen zerbrachen und ein Trümmerfeld rund um den Gipfel hinterließen. Seit 1949 ist der Rauhe Kulm mit seiner ungewöhnlichen Flora (Tüpfelfarn, Scharlachflechte) und Fauna (Fledermäuse, Wolfsspinnen, Alpenspitzmaus) als Naturdenkmal geschützt.

Am besten besucht man den Berg mit seinem 25 Meter hohen Aussichtsturm im Herbst. Dann entfaltet er seinen vollen melancholischen Reiz. Nicht nur die Zeit ist hier stehen geblieben, sondern auch ein Stück Erdgeschichte. Das gilt auch für den Kleinen Kulm ganz in der Nähe. Über den Rauhen Kulm schrieb der Historiker Georg Horn bereits 1667: »Im Mittelpunkt Deutschlands steht er, alle Berge weit und breit überragend, gewissermaßen ein Weltwunder.« Um anschließend über beide Kulms fortzufahren: »Nur in Arabien, im Sinai und Horeb finden sich ihresgleichen.«

48

Wellheimer Trockental
Startpunkt für Wanderung:
Parkplatz Jägersteig
Ortsausgang 91795 Dollnstein Richtung 91809 Wellheim

Tourismusverein Urdonautal – Wellheim im Naturpark Altmühltal e.V.
Burgstraße 7
91809 Wellheim
08427 1513
www.wellheim.de

Die verschwundene Donau

Wellheimer Trockental

Wenn es der Natur langweilig wird, ist sie zu den tollsten Kapriolen imstande. Zum Beispiel im Wellheimer Trockental, einem Seitental der Altmühl. Wer es von Dollnstein bis Wellheim durchwandert, braucht ungefähr drei Stunden Zeit, doch es lohnt sich. Denn er entdeckt, wie hier die Natur ein Stück Donau einfach verschwinden ließ, Simsalabim.

Mehr als zwei Millionen Jahre war die Donau durch das heutige untere Altmühltal geflossen. Vor circa 70.000 Jahren reichte es ihr und sie suchte sich einen kürzeren, bequemeren Weg. Sogenannte rückschreitende Erosion und Verkarstung machten es möglich. Auf diese Weise bildete sich etwa der Galgenberg bei Wellheim heraus. Wo heute Trockenhänge mit ihren Höhlen das Tal säumen und sich Schlangen auf den von der Sonne erwärmten Steinen ringeln, ragten zu Beginn des Quartärs die Steilufer des Flusses in die Höhe, während zu ihren Füßen die stark mäandernde Donau floss. Urdonautal nennen die Fachleute daher dieses Geotop, das zu den erstaunlichsten und schönsten in Bayern zählt.

Seine Geschichte ist heute bestenfalls noch zu erahnen. Und klar ist auch: Die Donau kommt nicht mehr zurück. Sie fließt jetzt durch die Neuburger Enge. Durchs Wellheimer Trockental aber ist, in umgekehrter Richtung, das Ersatzflüsschen Schutter unterwegs. Es entspringt am Galgenberg und verlässt das Tal am Schuttertor nahe Hütting wieder.

Das Trockental ist inzwischen ein Eldorado für Kletterer, Wanderer und alle, die Stille und Abgeschiedenheit suchen. Sie scheinen hier tiefer, nachhaltiger und gewissermaßen geschichtsträchtiger als anderswo zu sein. So hat die Donau doch noch ihre Spuren hinterlassen. Gleichzeitig ist sie ein schönes Beispiel dafür, dass nichts für ewig ist.

49

Murnauer Moos
Startpunkt für die
Pferdeschlittenfahrt:
Alpenhof Murnau
Ramsachstraße 8
82418 Murnau
am Staffelsee
08841 4910
www.alpenhof-
murnau.com

**Touristinformation
Murnau**
Untermarkt 13
82418 Murnau
am Staffelsee
08841 476240
www.murnau.de

OHNE MOOS NICHTS LOS

Pferdeschlittenfahrt und Wanderung

Es gibt viele Arten, das Murnauer Moos zu erkunden. Die vielleicht schönste ist die, im Winter mit einem Pferdeschlitten aufzubrechen. Man lässt sich am Hotel *Alpenhof* am Ortsrand abholen und gleitet dann lautlos durch die weiße Pracht. Man hat einen phantastischen Blick auf das Ammergebirge, die Pferde dürfen ein paar Ehrenrunden im Schnee drehen und am Ende gibt's Jägertee oder Punsch. Wenn man Glück hat, erwischt man mit dem Sepp, einem Murnauer Original, eine Art wandelndes Lexikon für Murnau und die Umgebung, besonders aber für das Moos.

Er weiß, wo Gabriele Münter, die weltberühmte Malerin am Wegesrand saß, um ihre Bilder zu verkaufen; er weiß, wo der Dramatiker Ödön von Horváth seine Wirtshaus-Rauferei mit den Nazis hatte und danach Murnau verlassen musste; und er weiß, warum es den Münchner Architekt Emanuel von Seidl Anfang des 20. Jahrhunderts ein ums andere Mal nach Murnau trieb. Es war wohl Liebe auf den ersten Blick, Seidl kam wieder und wieder, kaufte sich ein Grundstück, baute eine Villa und gestaltete schließlich den Bürgern ihren Stadtpark, den Seidl-Park, wie er heute heißt.

Auch im Sommer ist die Landschaft um Murnau eine Reise wert, etwa für eine Wanderung über einen Bohlenweg durch das rund 4.200 Hektar große Moos. Ein guter Ausgangspunkt hierfür ist die Gaststätte *Ähndl* am Wanderparkplatz. Das größte Alpenrandmoor Mitteleuropas ist ein Refugium für alle, die Ruhe in unberührter Natur suchen. Texttafeln informieren den Besucher über die Geschichte der Moorlandschaft, ihre Flora und Fauna sowie die Anerkennung als Naturschutzgebiet im Jahr 1980. Über all dem kann sich auch bei ihm der Seidl-Effekt einstellen. Das ist der Sog, den Murnau auf den Besucher ausübt. Im Schlossmuseum, im sogenannten *Russenhaus,* wo Gabriele Münter und Wassily Kandinsky eine Zeit lang lebten, im Hotel *Griesbräu,* wo Horváth die bayerische Lebensart genoss, und eben im Murnauer Moos.

50

Dürrnbachhorn Nostalgie-Sesselbahn
Dürrnbachhornweg 16
83242 Reit im Winkl
0864 08148
www.nostalgiebahn.com

IM SESSEL DURCH DIE LUFT

Dürrnbachhorn Nostalgie-Sesselbahn

Es gibt Dinge im Leben eines Menschen, die man nicht vergisst: der erste Kuss, der erste Sex, die erste Fahrt im Sessellift. Meine war am Großen Arber im Bayerischen Wald. Es schaukelte gewaltig und manchmal blieb die Sesselbahn ganz stehen, doch zum Glück saß der Vater daneben. Im Ernstfall hätte er zwar auch nichts machen können, aber beruhigend war es trotzdem. Und es war herrlich, so über die Bäume zu gondeln, die Kühe unter sich liegen zu sehen und mit den Beinen zu schlenkern. Leider war es viel zu schnell vorbei und ich hatte wieder festen Boden unter den Füßen.

Sessellifte sind inzwischen ein Auslaufmodell wie Kutschen oder einfache, nicht aufgemotzte Fahrräder. Selbst in den bayerischen Bergen muss man sie inzwischen suchen. Eine der letzten ist die Dürrnbachhorn Nostalgie-Sesselbahn bei Reit im Winkl. Sie geht über knapp 500 Meter auf die Winkelmoosalm mit der Bergstation in 1.195 Metern Höhe, schaukelt nur wenig und braucht etwa 20 Minuten. Oben ist – ganz wichtig – ein Wirtshaus, wenn man es mit dem Wandern nicht so hat. Und sicher gibt es da auch einen ordentlichen, leicht karamellisierten Kaiserschmarrn mit Apfelmus und Rosinen. Dazu am besten ein Glas frische Milch.

Die Nostalgie-Bahn hat nur Einsitzer, 140 Stück an der Zahl, was das Vergnügen zwar etwas mindert, aber gleichzeitig verstärkt. Dann ruft man einander eben von Sessel zu Sessel »Da hinten, schau!« und »Ich seh ein Eichhörnchen, ein ganz schwarzes!« und andere Sensationen zu. Unten liegt der schöne Chiemgau mit dem bayerischen Meer mittendrin. Die Sonne scheint, klar, der Himmel hat sein weiß-blaues Postkartengesicht aufgesetzt und alles ist, wie es sein soll. Wenn man oben aussteigt, fühlt man sich wie nach drei Wochen Kur. Mehr Entspannung geht nicht.

51

Veldensteiner Forst
Startpunkt für eine Wanderung: Parkplatz am Wildgehege
Forsthaus Hufeisen 1
91257 Pegnitz
09241 80960
www.wildgehege-hufeisen.de

Wo sich Hirsch und Wolf gute Nacht sagen

Veldensteiner Forst

Wer auf der A9 von München nach Berlin unterwegs ist, freut sich über jede Wald-Oase. Eine der schönsten ist der Veldensteiner Forst im Landkreis Bayreuth. Zum Waldbaden lud sie schon ein, als es diesen Begriff noch gar nicht gab. Außerdem verfügt sie über sogenannte Eislöcher. Das sind Einsturzdolinen, die wie unterirdische Höhlen miteinander verbunden sind. Hier sind es drei Stück über eine Gesamtlänge von 70 Metern. Im Winter bilden sich darin prächtige, bizarre Eisgebilde, die bis ins Frühjahr hinein bestehen, ehe sie wegtauen.

Für Gesprächsstoff sorgt der Veldensteiner Forst aber besonders mit seinen Wölfen. So tappten zuletzt im Herbst 2019 vier Jungwölfe in eine Kamerafalle, ein anderes Tier starb bei einem Wildunfall auf der Straße zwischen Pegnitz und Plech. Bis dato ist unklar, ob es Teil des Wolfspaares war, von dem man vorher schon wusste. Seit 2017 wurde erstmals wieder ein Wolf in dem rund 70 Quadratkilometer großen Waldgebiet gesehen. Seitdem ist der Wolf unter Anwohnern und Spaziergängern ein schaurig-schönes Thema, das dem Veldensteiner Forst eine weitere Attraktivität verleiht.

Ein vergleichsweise harmloser Wildpark existiert schon lange. Er hört auf den Namen *Wildgehege Hufeisen* und ist Heimat von Rot- und Schwarzwild und freilaufenden Mufflons. Ebenfalls sehenswert: der Große und der Kleine Lochstein. Das sind imposante Felstürme, die von Durchgangshöhlen durchzogen sind und mit dem offiziellen Gütesiegel *Bayerns schönste Geotope* ausgezeichnet wurden.

Vor allem aber ist der Veldensteiner Forst, der nach der Burg Veldenstein bei Neuhaus an der Pegnitz benannt ist, eine der grünen Lungen Oberfrankens. Er erfreut sich wachsender Beliebtheit und das nicht nur bei den Wölfen.

52

Landgasthof Fuchsmühle
Fuchsmühle 1
91161 Hilpoltstein
09174 9385
www.fuchsmühle.de

Waldidylle mit Rehen

Landgasthof Fuchsmühle

Hier hört die Welt auf. Zugegeben, es führt ein Radweg vorbei, es gibt Parkplätze, auch Reiter halten manchmal, um sich und ihre Pferde zu stärken, alles richtig. Und doch hört hier die Welt auf. Die Straße ist zu Ende, kein Linienbus stoppt und nervt, eine Zeit lang gab es nicht mal WLAN in der Mühle, die zudem ein zuverlässiges Funkloch war. Das WLAN ist inzwischen installiert, man weiß nur nicht so recht, ob man es begrüßen oder bedauern soll. Auch die Rehe, die gleich nebenan äsen, von früh morgens bis spät abends, äußern sich nicht dazu. Dafür fällt einem immer wieder das schöne Morgenstern-Gedicht *Das Gebet* ein, das wirkt, als sei es hier entstanden: »Die Rehlein beten zur Nacht,/hab acht!/Halb neun!/Halb zehn!/Halb elf!/Halb zwölf!/Zwölf!/Die Rehlein beten zur Nacht,/hab acht!/Sie falten die kleinen Zehlein,/die Rehlein!«

Gut, das Gedicht ist etwas minimalistisch und hört sehr unvermittelt auf, und doch möchte man es immer wieder aufsagen, bevor man selbst ins Bett geht in dieser Waldidylle, in der es keinen Lärm gibt, keine Lichtverschmutzung und keine Biker am Sonntag, die ihre Runden drehen. Nein, diese Mühle ist still wie am ersten Tag, als sie irgendwann im Jahr 1742 zusammen mit einer Kapelle erbaut wurde. Seitdem hat sie eine wechselvolle Geschichte erlebt, war Getreide- und Sägemühle, bis sie 1952 zum Gasthaus wurde. Seit 2010 kann man im Landgasthof übernachten, vier großzügige Zimmer machen's möglich.

Die stets die Ruhe bewahrende Frau Müller und ihr Team kümmern sich liebevoll ums leibliche Wohl der Gäste. Für die tägliche Erbauung sorgen die Rehlein, die Frösche aus den Teichen hinterm Haus und die immerzu hungrigen Spatzen und Meisen, die im Biergarten nach Kuchenkrumen und anderem suchen. Fündig werden sie hier alle.

53

Neues Rathaus
Hauptstraße 42
97199 Ochsenfurt

Touristinformation
Hauptstraße 39
97199 Ochsenfurt
09331 5855

Ein toller Turm

Lanzentürmchen am Neuen Rathaus

Das Schönste war immer der Weg von Würzburg nach Ochsenfurt. Gleich zwei unglaubliche Attraktionen gab es dabei zu bestaunen. Die eine war in den Weinbergen am Main in Gestalt eines kleinen weißen Häuschens, auf das ein Gesicht gemalt war. Besonders im Winter, wenn die Weinstöcke keine Blätter hatten, war es gut zu sehen und sorgte für Begeisterung. Ein Haus mit Gesicht mitten im Weinberg, unglaublich!

Die zweite Attraktion befand sich in Ochsenfurt und war fast noch toller. Zu jeder vollen Stunde gingen da in einem Türmchen zwei Ochsen mit den Hörnern aufeinander los. Darunter zeigten zwei Zifferblätter Stunde, Mondalter und Mondphase an. Dazu wendete ein Skelett als Symbol der Vergänglichkeit das Stundenglas, während sich daneben zwei Fenster öffneten, aus denen die Ratsherren schauten. Doch damit nicht genug: Ein bärtiger Bürgermeister aus der Werkstatt Tilman Riemenschneiders klappt zu jedem Glockenschlag seinen Mund auf und zu, und noch mal darunter erscheint eine Jungfrau mit dem fränkischen Wappen. Toll, oder?!

Was der staunende kleine Junge mit seinen fünf, sechs Jahren, der den Papa auf der Tour zu seinen Kunden begleiten durfte, damals noch nicht wusste: Er stand vor dem Lanzentürmchen am Neuen Rathaus. Der Würzburger Uhrmachermeister Hans Sycher hatte dieses Figurenspiel auf mehreren Ebenen ersonnen, das seitdem als Wahrzeichen von Ochsenfurt, der Stadt der Türme, gilt. Es erinnert an die Zeit, als Ochsenfurt noch zum Fürstbistum gehörte, was dem kleinen Jungen aber ziemlich egal war.

Dafür mochte er den Ortsteil Tückelhausen. Der Name klang irgendwie schräg und geheimnisvoll. Sicher war es aufregend, sein Leben in Tückelhausen zu verbringen.

54

Donaudurchbruch
Startpunkt für eine Schifffahrt: Schiffsanlegestelle Kelheim
Stadtknechtstraße
93309 Kelheim
www.schiffahrt-kelheim.de

Kloster Weltenburg
Asamstraße 32
93309 Kelheim
09441 2040
www.kloster-weltenburg.de

AN DER SCHÖNEN, KLEINEN DONAU

Donaudurchbruch an der Weltenburger Enge

Bei Naturdenkmälern kommt es oft sehr darauf an, von welcher Seite man sich ihnen nähert. So auch im Fall des Donaudurchbruchs an der Weltenburger Enge. Wir empfehlen daher, in Kelheim an Bord zu gehen und mit dem Schiff flussaufwärts in Richtung Kloster Weltenburg zu fahren. Man wird die ganze Reise über mit einer gewissermaßen tanzenden Natur, bizarren Felsformationen und erdgeschichtlichen Besonderheiten belohnt. Denn ganz früher war hier mal ein Meer. Subtropisch und flach zwar, aber mit mächtigen Riffen, die heute als steile Felswände neben dem Fluss aufragen.

Am Kloster Weltenburg angekommen, an der Donau entlang zum urzeitlichen »Bienenkorb« und ins subtropische Unterwasserparadies mit seinen Korallen und Schwämmen spazieren. Danach ein Besuch im Benediktiner-Kloster Weltenburg (einschließlich Brauerei) – zwischen Natur- und Kulturattraktionen hin und her springend lässt sich ein Tag kaum anregender und facettenreicher verbringen. Als krönender Abschluss empfiehlt sich im klostereigenen Biergarten ein typischer Schweinsbraten mit Kloß und Soß. Dazu schmeckt ein dunkler Asam-Bock, benannt nach den Gebrüdern Asam, den berühmten bayerischen Kirchenmalern im Barock.

Die Bezeichnung »Donaudurchbruch« ist allerdings etwas übertrieben. Es war lediglich ein kleiner Nebenarm der Donau, der sich hier selbständig machte und allein durchs Gestein fraß. Vor rund 200.000 Jahren hatte er es schlussendlich geschafft und die Verbindung zur Urdonau hergestellt, die umstandslos durch die Kalktafeln im Altmühltal floss.

Auch siedlungsgeschichtlich ist die Gegend höchst bedeutsam. Von Steinzeithöhlen über bronzezeitliche Befestigungen, vorgeschichtlichen Grabhügeln und einer keltischen Stadt ist alles vorhanden.

55

Wendelsteinbahn
Sudelfeldstraße 106
83098 Brannenburg
08034 3080
www.wendelsteinbahn.de

Haltestation zum Bayernhimmel

Wendelsteinbahn

Romantischer, kuscheliger, nostalgischer geht's nicht: Man steigt am Talbahnhof Brannenburg, der zwischen Bayrichzell und Fischbachau liegt, in Deutschlands älteste Hochgebirgsbahn und fährt bei Mondschein (so der Mond denn scheinen mag) auf den Wendelstein. Scheint er nicht, so geht es auch, ist aber nicht ganz so traumhaft. Knapp eine Stunde dauert die Mondscheinfahrt, eine halbe Stunde länger als bei der normalen Bergfahrt. Rund 1.200 Meter Höhenunterschied werden auf einer Strecke von siebeneinhalb Kilometern überwunden.

Die Wendelsteinbahn ist eine von vier verbliebenen Zahnradbahnen in Deutschland und steht unter Denkmalschutz. Die »Entschleunigung«, die der Betreiber verspricht, gibt es gratis dazu. Romantik und hohes Tempo passen nicht zusammen. Eher fühlt man sich an eine alte Straßenbahn erinnert, nur dass diese hier eben durch den Wald und bergaufwärts fährt.

Im Wettersteinhaus auf 1.724 Metern wartet ein Buffet, oft mit Musik und Hüttenzauber. Wem das zu laut ist, der kann sich in die Wettersteinkirche zurückziehen, seinen Gedanken nachhängen und auf einen tollen Sonnenuntergang hoffen. Ein paar Schritte weiter sorgt eine etwas indezent angekündigte »Jahrhundert-Ausstellung« dafür, dass auch infowütige Zeitgenossen auf ihre Kosten kommen. Ob die »Resonanz«, ganz im Sinne von Hartmut Rosa, damit vertieft wird, sei dahingestellt.

Seit 1912 fährt die gelb-blaue Zahnradbahn. Mit den Loks und den urigen Holzbänken in den Waggons ist sie nicht nur eine nostalgische Attraktion, sondern zudem eine technikgeschichtliche Rarität. Im Preis sind Hin- und Rückfahrt, Buffet und Musik enthalten. Da es nur wenige Termine gibt, ist eine Reservierung dringend zu empfehlen. Dann kann es losgehen in den Bayernhimmel. Mit Mond oder ohne.

56

Hornalpe
Bad Hindelang

Zu erreichen über die
Hornbahn
Ostrachstraße 20
87541 Bad Hindelang
08324 2404
www.hornbahn-
hindelang.de

Touristinformation
Bad Hindelang
Unterer Buigenweg 2
87541 Bad Hindelang
08324 8920
www.badhindelang.de

DIE MAGIE DER ALMEN

Hornalpe

Almen sind Sehnsuchtsorte wie Strände oder verschneite Landschaften. Hier hofft man zu bekommen, was einem im Alltag fehlt: innere Ruhe, eine Möglichkeit zur Besinnung, ein Gefühl von Identität im Idealfall. Wo, wenn nicht hier? Es sind also auch Orte, die zur Verklärung einladen. Man sucht sie auf, ähnlich wie eine Kur. Endlich eine Auszeit haben, endlich nicht nur funktionieren, endlich zum Wesentlichen kommen. Thomas Manns Figur Hans Castorp, dessen »Zauberberg« sich nicht zufällig in den Bergen befindet und ein Refugium für zivilisationsmüde, kränkelnde Seelen ist, lässt grüßen.

Auch in Bad Hindelang im bayerischen Oberallgäu hat man den Zauber der Berge, vor allem aber ihren merkantilen Wert längst erkannt. Seit 1988 wird dort das »Ökomodell Hindelang« gepflegt, zuletzt hat man sich sogar erfolgreich um die Aufnahme ins Immaterielle Weltkulturerbe beworben. Mit 45 anerkannten und staatlich geförderten Alpen und einer Gesamtfläche von rund 8.000 Hektar ist Hindelang die alpflächenreichste Kommune Deutschlands.

Man setze »auf Naturschutz und Nachhaltigkeit, regionale und direkte Vermarktung und nachhaltigen Tourismus«, hieß es in der Bewerbung an die Deutsche UNESCO-Kommission. Keines der mittlerweile üblichen Schlagworte fehlt darin. Auch in Hindelang ist der Tourismus der Hauptwirtschaftszweig. Eine traumhafte Landschaft wird nach allen Regeln der Kunst vermarktet, der Philosophie kommt lediglich die Rolle eines Feigenblatts zu, das die wirtschaftlichen Interessen notdürftig bedeckt.

Almen spielen auch hier eine zentrale Rolle. Hornalpe, Mitterhaus, Buchelalpe, Zipfelsalpe – alle liegen sie innerhalb traumhafter Natur und laden zum Verweilen, Schauen und Staunen ein. Auch als Orte des Denkens sind Almen längst erkannt.

»Ich habe mir meine besten Gedanken ergangen und ich kenne keinen Kummer, den man nicht weggehen kann«, sagte der dänische Philosoph Søren Kierkegaard. Bad Hindelang sollte ihm posthum die Ehrenbürgerschaft verleihen.

Hornalpe: schöne Aussicht, urig, klein, gemütlich, frische leckere Brotzeiten, selbstgebackener Kuchen

57

Ludwig-Donau-Main-Kanal
Startpunkt: Restaurant und Hotel Zirbelstube
Friedrich-Overbeck-Straße 1
90455 Nürnberg-Worzeldorf
0911 998820
www.zirbelstube.com

Weitere Informationen unter www.ludwig-donau-main-kanal.de

NOSTALGIE PUR

Ludwig-Donau-Main-Kanal ab Worzeldorf

Manchmal, wenn die Gegenwart wieder besonders übermächtig wird, wünscht man sich ein wenig das 19. Jahrhundert zurück. Dampfeisenbahn, Daguerreotypie, Gaslaternen, Manschettenknöpfe. Die große Überschaubarkeit halt. In Nürnberg und hinauf bis Bamberg gibt es für solche Stimmungen den Ludwigskanal. Der ist zuverlässig retro, wächst langsam zu und sieht aus, als sei das schon immer so gewesen. Eine Verkehrsachse, 178 Kilometer lang, in Kelheim beginnend, in Bamberg endend, einst verkehrstechnisch der letzte Schrei, jedenfalls aus der Sicht seines Erbauers Ludwig I., König von Bayern; inzwischen ganz im Dienste der Nostalgie, bereits bei der Einweihung 1846 leicht démodé; ganze 17 Jahre war er in Betrieb, dann war Schluss damit. Die Eisenbahn hatte ihm den Rang abgelaufen, aus der innovativen Idee wurde ein Industriedenkmal, ein Monument der Vergänglichkeit, unnütz, aber sehr romantisch und allemal schöner als das, was so an Kanal nach ihm kam.

Grüne Algenteppiche schwimmen auf dem trägen, trüben Wasser, hier und da ein paar Wasserrosen, prächtig gezackte Farbinseln, sowie undefinierbar Gelbblühendes. Dazwischen rasen, leicht wie die Luft, die Wasserläufer auf und ab, am Ufer wuchert das Gras und surren die Libellen. Die Schleusen, genau 100 gibt es davon, verwittern nach und nach, verwaist stehen die Häuser der Schleusenwärter. Unsere Zeit ist vorbei, sagen sie. Das eine oder andere Treidelschiff verkehrt zwar noch, aber es ist, wiewohl historisch verbürgt, längst ein touristischer Gag geworden. Alles in Kanalnähe hat diese unglaubliche Gemächlichkeit, dieses irgendwie vorindustrielle Flair. Zur Beschleunigung einst gebaut, entschleunigt es inzwischen, und das gründlich. Wer am Kanal war, kommt weniger hektisch zurück, als er hingegangen ist. Schöner, lauschiger, entspannender kann Naherholung kaum sein.

Es beginnt am *Steinbrüchlein,* einer alten Wirtschaft mit Biergarten mitten im Wald. 1302 wurde das »Stabrüchla« das erste Mal urkundlich erwähnt. Später, schätzungsweise ab dem 15. Jahrhundert,

Die Treidelschiffe sind auch heute noch in Betrieb

saßen hier die Arbeiter aus den Steinbrüchen rundum, denn ganz in der Nähe wurde der Sandstein für die freie Reichsstadt Nürnberg abgebaut. Die Pferde, die ihn transportierten, hatten hier ihre Stallungen. Später, als der Ludwigskanal in Betrieb war, übernachteten in den Ställen die Treidelpferde, die tagsüber die Lastkähne zogen.

Jetzt heißt der Biergarten Gasthof Blödel und ist einer der urigsten in Nürnberg. Alles hat seine Ordnung: Man kommt, ganz wichtig, mit dem Fahrrad, manchmal auch mit dem Linienbus, ganz selten zu Fuß, holt sich am offenen Wirtsfenster seine Bestellung und nimmt auf einer der langen, schattigen Bänke Platz, 500 sind es, schätzt der Wirt. Ein paar Halbe, auf Wunsch im Steinkrug, sind obligatorisch, dazu etwas Bodenständiges auf dem Teller, Stadtwurst mit Musik, Krautwickel, Knöchle, Bratwürste. Am besten das, was man regelmäßig isst. Schließlich handelt es sich um eine Traditionswirtschaft, entstanden 1663, also bitte. Die meisten Gäste kommen immer wieder, man kennt sich, ist per du. Viele haben Andreas Urschlechter, Nürnbergs Dino-OB, der die U-Bahn in die Stadt brachte, noch persönlich erlebt, denn man ist, nun ja, bereits im Rentenalter. Und im *Steinbrüchlein* hat man seinen Sommer-Senioren-Stammtisch.

In Worzeldorf, nicht weit weg, gleich gegenüber von dem vornehmen Restaurant und Hotel *Zirbelstube,* kommt man wunderbar an den Alten Kanal. Gut ist es, ein Fahrrad dabei zu haben, sonst geht man eben zu Fuß, am besten schweigend, vorzugsweise allein. Das passt zur Aura des Kanals. Der schweigt ebenfalls. Seit circa 170 Jahren nun schon, demnach aus Überzeugung. Nur wenn auf der Höhe von Schwarzenbruck, nicht weit vom Brückkanal entfernt, der Lärm von der Autobahn herüberschallt, ist es aus mit Andacht und Ruhe; aber dafür kann er nichts, die kam nach ihm.

Wichtig ist auch die Tageszeit. Früher Morgen oder einsetzende Dämmerung am Abend eignen sich am besten für einen Spaziergang. Von der Jahreszeit bietet sich besonders der Herbst an. Das Wetter muss nicht allzu gut sein. Gut ist eher schlecht am Kanal. Nebel dagegen, Nieselregen, wolkenverhangener Himmel ohne Sonne, all das gibt ihm die richtige Stimmung. Dann entfaltet er seine Melancholie, seine Selbstvergessenheit, seinen Stoizismus, den Stolz des Aus-der-Zeit-Gefallenen. Dann vergisst man selbst die Zeit, wenn man an ihm unterwegs ist. Gerät ins Sinnieren, in die Erinnerungsspur das eigene Leben betreffend und die Zeitumstände, die Verschränkung von individuellem und gesellschaftlichem Dasein. Tempora mutantur et nos mutamur in illis, sagten die Lateiner dazu. (Die Zeiten ändern sich und wir uns mit ihnen.)

Vom Kanal, der eigentlich Ludwig-Donau-Main-Kanal heißt, kommt man zurück, als wäre man aus einem langen Bad in die Vergangenheit aufgetaucht. Aus einer Welt, die es längst nicht mehr gibt, die aber gerade deswegen etwas ungemein Beruhigendes hat. Die Rückkehr in unsere heutige Welt fühlt sich an wie ein Aufprall. Und endlich weiß man, wie es Außerirdischen geht, die gerade ihren Kosmos wechseln.

58

Teufelshöhle
Parkplatz Teufelshöhle an der B470 (Schüttersmühle)
91278 Pottenstein

Tourismusbüro Pottenstein
Forchheimer Straße 1
91278 Pottenstein
09243 70841
www.pottenstein.de

WO DIE FLEDERMÄUSE HAUSEN

Teufelshöhle

Man geht hinein und kann sich der Assoziation an einen Embryo kaum erwehren. Sie ist die Königin unter den Höhlen: die Teufelshöhle bei Pottenstein, mit mehr als 150.000 Besuchern im Jahr eine der attraktivsten Schauhöhlen in Europa. Den Eingang bildet eine gewaltige Felsgrotte mit einer acht Meter hohen Terrasse, früher das »Teufelsloch« genannt. Besonders sehenswert der »Barbarossadom«, eine riesige Halle tief im Fels, in der locker eine Dorfkirche Platz hätte. Daneben, tief im Stein, ein Therapiezentrum, in dem Liege- und Unter-Tage-Kuren angeboten werden, ein Forschungslabor (genutzt vom Höhle und Karst Franken e.V.) und in den Sommermonaten Betrieb auf der Kleinkunstbühne. Außerdem jede Menge Fledermäuse, die in einem abgeschlossenen Bereich auch ungestört überwintern können. Rund 200 Exemplare sollen es sein. Der Höhlenbär dagegen ist inzwischen ausgestorben und kann nur noch als Skelett besichtigt werden.

Die eigentliche Attraktion sind freilich die Tropfsteine, die folgendermaßen entstehen: Das in den Fels eindringende Regenwasser löst im Lauf der Zeit Calcium und Kalk und baut ihn an anderer Stelle wieder auf. Hängt nun ein Tropfstein von der Decke, so wird er Stalaktit genannt, ragt er dagegen vom Boden empor, so ist es ein Stalagmit. Rund 13 Jahre dauert es, bis er um einen Millimeter gewachsen ist. Treffen sich im Verlauf einiger Jahrzehntausende ein Stalaktit und ein Stalagmit, so entsteht eine Säule.

Mehr als 1.000 Höhlen gibt es in der Fränkischen Schweiz; 200 davon, so heißt es, seien einen Besuch wert. So die Binghöhle bei Streitberg, 1905 vom Nürnberger Spielzeughersteller Ignaz Bing entdeckt und Deutschlands größte Galerietropfsteinhöhle, oder die Sophienhöhle bei Burg Rabenstein, die als eine der schönsten Höhlen in Deutschland gilt und von sogenannten Strudelwürmern bewohnt wird, was sie besonders kuschelig macht.

VOLKSTÜMLICHES

59

Topplerschlösschen
Taubertalweg 100
91541 Rothenburg
ob der Tauber
09861 8738623
www.rothenburg-
tourismus.de

TOPPLER: BÜRGERMEISTER UND LEBEMANN

Topplerschlösschen

Es ist schon eine Weile her, da hatte Rothenburg ob der Tauber einen richtig bedeutenden Bürgermeister. Er hieß Heinrich Toppler, lebte von circa 1340 (nichts Genaues weiß man nicht) bis 1408 in der damaligen Reichsstadt und sorgte mit seiner mitunter riskanten Bündnispolitik für eine frühe wirtschaftliche Blütezeit. Später aber wurde er nach einigen politischen Fehlern in den Kerker geworfen, wo man ihn vermutlich verdursten ließ. Einige wollen sogar wissen, dass er enthauptet wurde, Beweise dafür gibt es nicht.

Noch heute stößt man in dem mittelalterlichen Städtchen an der Tauber, das lange Zeit Freie Reichsstadt war, überall auf Topplers Spuren. So im heutigen Gasthaus *Zum Goldenen Greifen* in der Schmiedgasse, wo er geboren wurde und später wohnte; im Rathaus, wo er regierte; vor allem aber draußen im Grünen vor den Toren der Stadt im Topplerschlösschen, seiner Sommerresidenz in Form eines Wohnturms. Der Turm, ein Haus auf einem Haus, wurde als sogenanntes Weiherhaus 1388 auf sumpfigem Grund gebaut, ist vollständig erhalten und kann – nach Anmeldung – besichtigt werden. Frau Boas zeigt einem gerne die Räume, die zwar nicht historisch eins zu eins erhalten sind, aber doch historisierend einfühlsam eingerichtet wurden.

Aber um die Toppler-Hinterlassenschaft noch zu komplettieren: In der Topplerkapelle der Jakobskirche erinnert ein Grabstein an den erst sehr populären, dann verfemten Bürgermeister. Und seinen Namen trägt last, but not least, auch das *Toppler Theater* mit einer reizvollen Freilichtbühne.

Übrigens: Wer zum Toppler-Experten werden will, findet dazu im Schlösschen reichlich Material. Unter anderem sind Biografien sowie historische Zeichnungen und Gemälde vorhanden. Sogar eine Oper gibt es: Sie heißt *Der König von Rothenburg* und stammt von Heinrich Bantelmann. Ein Ausriss aus dem Programmheft zur Premiere 1943 hängt ebenfalls im Schlösschen.

60

Ludwig Erhard Zentrum
Ludwig-Erhard-Straße 6
90762 Fürth
0911 6218080
www.ludwig-erhard-
zentrum.de

DER MIT DER ZIGARRE

Ludwig Erhard Zentrum

Heute im Morning-Briefing von Gabor Steingart: »Die Erinnerung an die segensreiche Wirkung von Wirtschaftswunder-Minister Ludwig Erhard und seine Philosophie von Maß und Mitte ist verblasst.« Es folgt eine harsche Kritik an Christine Lagarde und der expansiven Geldpolitik der EZB, die den Kontinent zum Zwecke eines Green Deals mit Geld flute, was der Dicke aus Fürth so nie getan hätte, ganz abgesehen davon, dass ein Green Deal zu seiner Zeit noch völlig unbekannt war.

Erhards Vermächtnis dagegen lebt, in dieser Hinsicht widersprechen wir Steingarts Briefing. Damit das so bleibt, hat Erhards Geburtsstadt Fürth kürzlich das Ludwig Erhard Zentrum eingerichtet, das, direkt am Rathaus gelegen, ausführlich über Leben und Wirken des Politikers und Hochschullehrers informiert. Geboren 1897 in einem Stoffgeschäft in der Sternstraße fünf in Fürth, war der »Vater der sozialen Marktwirtschaft«, wie er immer genannt wurde, von 1963 bis 1966 Bundeskanzler der damals noch jungen Bundesrepublik Deutschland, nachdem er zuvor lange Zeit (1949–1963) Wirtschaftsminister im Kabinett Adenauer gewesen und vom »Alten« nach Kräften schikaniert worden war. Allerdings war es auch Adenauer gewesen, der ihn als seinen Nachfolger vorgeschlagen hatte.

1977, elf Jahre nach dem Ende seiner Kanzlerschaft, starb Erhard an Herzversagen in der damaligen Bundeshauptstadt Bonn und wurde auf dem Bergfriedhof in Gmund am Tegernsee begraben. Dafür, dass er am Tag 15 bis 20 Zigarren rauchte, erreichte er mit 80 Jahren ein respektables Lebensalter.

Im neuen Ludwig Erhard Zentrum (LEZ) findet der Besucher jede Menge Material zu Erhard, persönlich-privates wie politisch-zeitgeschichtliches. Seine theoretische Schrift *Wohlstand für alle* aus dem Jahr 1957 ist ebenso vorhanden wie zahlreiche Fotos und Videos, Briefe und Vorträge. In der Summe gelingt eine anregende Rückblende in die Zeit des »Wirtschaftswunders«.

61

Universität Passau
Innstraße 41
94032 Passau
0851 5090
www.uni-passau.de

Als die Uni Passau mal daneben lag

Universität Passau

Gleichstellungsbeauftragte haben es nicht leicht. Fettnäpfchen, wohin man blickt, und eh man beziehungsweise frau sich versieht, steht er oder sie schon knöcheltief drin. So widerfahren auch der Gleichstellungsbeauftragten der Universität Passau. Ihren Namen wollen wir an dieser Stelle verschweigen, um nicht die (oder den?) Antidiskriminierungsbeauftragte(n) auf den Plan zu rufen. Wir nennen die Gleichstellungsbeauftragte also nur GlstBeA.

Ein hübsches Lehrstück in Sachen Genderwahn ist es allerdings doch, das sich vor ein paar Jahren an der bis dahin unauffälligen Universität zutrug. Alles begann mit den Campus-Games, in deren Rahmen Sportstudenten die uralte bayerische Tradition des »Fensterln« in Erinnerung rufen wollten. Die ist natürlich politisch zweifelhaft, wenn nicht inkorrekt (die Arbeitsgruppe tagt noch), sexistisch und toxisch-männlich, weil dabei junge Männer eine Leiter ans Fenster ihrer Angebeteten stellen und raufklettern. Was oben dann geschieht, darüber wollen wir an dieser Stelle den Mantel (die Mantel*in?) des Schweigens hüllen. Nur so viel: Einen Studiengang dazu gibt's an der Uni Passau (bislang) nicht.

Wie auch immer: Die GlstBeA geriet mächtig unter Druck, beharrte aber auf ihrer Position, dass Frauen sich eindeutig in der Opferrolle befänden und zum Objekt männlicher Lust degradiert würden. Ihr sei es freilich vor allem um die Modalitäten gegangen.

Die frechen Sportstudenten schrieben dagegen in Online-Netzwerken, die Mädels dürften gerne die Leiter umdrehen und zu ihnen ans Fenster kommen.

Auch die Schweiz meldete sich zu Wort mit dem Hinweis, dass bei ihr eine ähnliche Tradition unter dem Begriff »Kiltgang« bekannt sei, die aus dem 16. Jahrhundert stamme.

Man sieht, die Angelegenheit zieht ihre Kreise weit über Passau hinaus. Und wir bleiben natürlich dran.

62

Korsetthaus Anita
Bäckergasse 15
86150 Augsburg
0821 311685
www.korsetthaus-anita.de

Von der Lust, eingeschnürt zu sein

Korsetthaus Anita

Zum feministischen Wallfahrtsort wird es wohl nie werden: das Korsetthaus Anita in der Bäckergasse in Augsburg. Dazu ist es zu sehr aus einer anderen Zeit, atmet zu sehr den Geist der 1950er-Jahre. Winfried Krenleitner, der auch heute noch mit über 80 Jahren im Laden steht, hat das Geschäft vor vielen Jahren von seiner Mutter, einer gelernten Schneiderin, übernommen. Die hieß übrigens Anni und keineswegs Anita, letztere ist eine Erfindung des Inhabers. »Wir brauchten einen entsprechend klingenden Namen«, sagt er, »und da kamen wir eben auf Anita.«

Seine Frau Lydia, seit vielen Jahren Mitinhaberin, nickt. Dann erzählen beide die Erfolgsgeschichte ihres aus der Zeit gefallenen Sortiments von Mieder, Bademode, Tag- und Nachtwäsche, das längst auch über Augsburg hinaus einen Sonderstatus hat. Hilfreich dabei war, dass sich Lydia Krenleitner bald nach ihrem Einstieg zutraute, die Korsetts auch eigenhändig zu schneidern. Sie legte die Meisterprüfung ab und darf seither selbst ausbilden. So kommt es, dass das Korsetthaus inzwischen sieben Mitarbeiterinnen hat, darunter hochqualifizierte Bundes- und Landessiegerinnen in ihrem Metier. Sie sind in der Lage, Spezialwünsche ihrer oft sehr anspruchsvollen Kundinnen bis in den letzten Nadelstich zu erfüllen.

»Junge Mädchen ab 13 Jahren kommen zu uns«, erzählen die Krenleitners, »bis zu Damen im hohen Alter.« Im Lauf der Zeit hat sich eine Stammkundschaft herausgebildet, die teilweise von weit herkommt. Gemeinsam ist ihr, dass sie einer guten Figur den Vorzug vor salopper Lässigkeit gibt.

»Korsett« leitet sich übrigens vom französischen Wort »corps« (Körper) ab und hat seinen Ursprung im Burgund des 15. und 16. Jahrhunderts. Vor allem Damen der Oberschicht trugen das versteifte Mieder zur Betonung weiblicher Reize. Mitte des 19. Jahrhunderts entdeckten vorübergehend auch Männer das Korsett, durchsetzen konnte es sich aber nicht.

63

Fingerhakeln auch auf den **Festwochen Garmisch-Partenkirchen**
Wittelsbacher Park
82467 Garmisch-Partenkirchen
www.gapa.de

Informationen rund ums Fingerhakeln unter www.schlierachgauer-fingerhakler.de

Über den Tisch ziehen

Fingerhakler

Es ist toxisch-männlich, klar. Frauen kommen nicht auf so etwas. Sie stricken lieber, als sich gegenseitig über den Tisch zu ziehen am erst ausgestreckten, dann gekrümmten Mittelfinger nur, dafür aber mit viel Weh und Ach und Gedöns. Nur Männern, den Wettbewerbstieren schlechthin, fällt so etwas ein. Aus Gründen der Selbstvergewisserung vermutlich, und weil sie wenigstens irgendwo noch als Sieger vom Platz gehen wollen. Öffentliche Kraftmeierei, dazu Bier, schlechte Luft, Schweiß und ein bisschen Blut, besonders aber »g'schertes« Daherreden, das mögen sie. Die Schinderei in der Muckibude muss sich ja lohnen, das Training mit dem Expander daheim ebenso.

Dafür gibt's folkloristische Unsinnsveranstaltungen wie diese, ungefähr so sinnvoll wie das Christbaum-Weitwerfen oder die Bart-Weltmeisterschaft, auch sie leider ganz real. Und wo findet der Schmarrn statt? In Bayern natürlich, wo sonst?! Sogar bayerischer Meister in der Kategorie »Schönster Voll- und Rauschebart« kann man werden, ja verreck!

Und nördlich des Mains amüsiert man sich. Von »Männern unter Zugzwang« schreibt der *Spiegel,* von »hochroten Köpfen, zusammengebissenen Zähnen, zugekniffenen Augen, Stöhnen und Prusten« der *stern.* Szenen aus dem Bilderbuch des beknackten Bayern. Sogar einen Landesverband der Fingerhakler mit Regionalvertretungen gibt es sowie Meisterschaften und Qualifikationen natürlich. Nur international tut man sich hart, weil außer bei den Österreichern und ein paar Schweizern keiner den Mittelfinger zur Misshandlung ausstrecken will. Denn trotz Magnesium und Lederring tut die Hakelei oft weh. Was jeder echte Hakler natürlich nie zugeben würde.

Ein Quäntchen Folklore und Nostalgie sind aber dabei. Da geben wir euch den Finger drauf.

64

Kuchentratsch
Landsbergerstraße 59
80339 München
089 45207114
www.kuchentratsch.com

Omas Kuchen

Backstube *Kuchentratsch*

Achtung, Genussalarm! Das Wasser läuft einem schon im Mund zusammen, wenn man die Kuchen nur sieht: den Apfel-Walnuss-Kuchen, den Mandel-Marzipan-Kuchen, den Mini-Karottenkuchen, den Naked Chocolate Cake, ein mehrstöckiges Kunstwerk. Das Schokowunder ist freilich der preisliche Ausreißer, in der Regel sind die Kuchen erschwinglich. Selbst der Happy-Birthday-Geburtstagskuchen, gebacken von Oma Milena, bewegt sich in diesem Rahmen.

Zu kaufen sind die süßen Leckereien entweder direkt in der kleinen Backstube an der Landsbergerstraße oder man macht's wie beim Pizzaservice und bestellt einfach online beziehungsweise telefonisch. Dann werden die Kuchen geliefert, von den drei Lieferopis mit ihren Pkws. Damit die Männer auch was zu tun haben.

Und weil's in München so gut läuft seit 2016, als Katharina Mayer die geniale, aber ganz einfache Idee hatte, wird das Modell gerade auch nach Hamburg und in andere Großstädte exportiert. Auch da funktioniert es. Zwischendurch gab es noch einen Fernsehauftritt in der *Höhle der Löwen,* wo das Konzept bei Dagmar Wöhrl und Carsten Maschmeyer viel Zustimmung fand und 100.000 Euro Starthilfe bei einer Beteiligung von zehn Prozent bekam. »Es war mir eine Herzensangelegenheit«, sagt Löwe Maschmeyer. »Wir geben älteren Menschen die Möglichkeit, zu backen, zu tratschen und sich etwas dazuzuverdienen.«

35 Seniorinnen und Senioren arbeiten derzeit in der Münchner Backstube. In der Regel sind sie um die 70 Jahre alt und kommen aus allen sozialen Schichten. Morgens viertel vor acht geht's los, dann wird vier Stunden lang gebacken, um zwölf ist Feierabend. 500 bis 700 Kuchen gehen pro Woche raus, Tendenz steigend.

Kuchentratsch, das bei aller Professionalität gemütlich gebliebene Start-up, ist eine Erfolgsgeschichte, die soziales Engagement und wirtschaftliches Denken verbindet.

65

Gutmann am Dutzendteich
Bayernstraße 150
90478 Nürnberg
0911 988187710
www.gutmann-am-dutzendteich.de

WO DIE ALTEN SCHWOFEN

Gutmann am Dutzendteich

So erinnerungsselig wie hier schweben sie sonst nirgends übers Parkett. Denn die Damen und Herren, die hier bei Tango, Foxtrott oder Wiener Walzer unterwegs sind, sind keine Newcomer, im Gegenteil: Manche von ihnen haben tanzen gelernt, als noch Peter Alexander, Roy Black, Karel Gott und Wencke Myhre aus den viel schlechteren Lautsprechern drangen, und als Gitte und Rex Gildo in jeder abgedunkelten Disko *Vom Stadtpark die Laternen* sangen.

Man schrieb die 1960er-Jahre, überall fuhren VW Käfer, die Deutschen verloren durch ein irreguläres Tor im Wembley-Stadion und Gitte und ihr Rex waren das Traumpaar am Schlagerhimmel, spätere Heirat dringend empfohlen, auch wenn es nie dazu kam. Wer etwas auf sich hielt, ging in die Tanzstunde. Die Mädchen dufteten nach *4711* und sahen hinreißend aus, die Jungen rauchten Roth-Händle, Reval oder Gauloises, natürlich filterlos, und taten furchtbar abgeklärt.

Das heutige *Gutmann* nannte sich damals Café Wanner und war stadtbekannt in Nürnberg. Gleich nebenan war und ist der Dutzendteich. Auf ihm konnte man die Angebetete zum Kahnfahren einladen, was dem Ziel, ihr Herz zu erobern, oft förderlich war. Nicht zuletzt an lauen Sommerabenden. Denn tanzen ging man natürlich erst am Abend, nicht wie heute, wenn die Helden (und Heldinnen) von einst nur am Nachmittag zwischen 14 bis 18 Uhr das Tanzbein schwingen, weil sie danach zurück ins Heim müssen. Auch das Handy war noch nicht erfunden, trotzdem, so wird erzählt, sollen manche beim Tango um Mitternacht die Frau fürs Leben gefunden haben. Hach, es waren halt romantische Zeiten …!

Viele Lokale von damals haben inzwischen geschlossen, so der Reichelsdorfer Keller, das Parkcafé Rennbahn oder der Tattersaal, um nur einige wenige zu nennen. Schön, dass sich wenigstens das *Gutmann* nach wie vor der Tradition verpflichtet fühlt.

66

Stein-Wein-Pfad
Startpunkt für eine Wanderung: Info-Pavillon am Mittleren Steinbergweg 5 gegenüber vom Weingut am Stein
97080 Würzburg
www.wuerzburger-steinweinpfad.de

Congress – Tourismus – Würzburg
Am Congress Centrum
97070 Würzburg
0931 372335
www.wuerzburg.de

IN VINO VERITAS

Stein-Wein-Pfad

»Ich erwachte am nächsten Morgen frisch, ohne Kopfweh, Säure, Beschwerde, lobte Gott den Herrn für den Steinwein, sah aus dem Fenster, da lag Würzburg vor mir in goldenem Frühlicht mit seinen Kuppeln und Thürmen, und Rebenhügel blickten über die Straßen hinein«, schrieb der romantische Dichter Karl Immermann (1796–1840).

Schöner kann man es kaum sagen. Würzburg scheint auf in diesen Zeilen, sein Licht, seine Silhouette und auch der *Würzburger Stein,* seine berühmteste Lage. An Steilhängen, der Sonne zugewandt, sodass ihr Licht oft vom Main reflektiert und weiter geleitet wird in die Weinberge. Der *Würzburger Stein,* ein Wein wie kein anderer. Auf Weltniveau wie die Residenz mit Hofgarten und Tiepolos prachtvollem Deckenfresko, wie die Architektur von Balthasar Neumann, dem genialen Barockbaumeister, wie die Schnitzkunst von Tilman Riemenschneider.

In seiner Kombination eine Einladung zum Schwelgen, zur Übertreibung, zur Andacht. Eine Offenbarung, ja. Süddeutsches Savoir-vivre. Eine begnadete Weinlandschaft mit bestem Muschelkalkboden und viel Sonne. Denn es stimmt, wenn man sagt: Im *Stein* steckt die Landschaft, ihre Geschichte und Kultur, ihre Mentalität und Lebensart. Der *Stein* und seine verschiedenen Rebsorten vom Silvaner bis zum Riesling, das ist Unterfranken. In allen seinen Facetten, in allen seinen Farben und Nuancen. Ein Glas, und man sieht es im milden Licht von Verklärung und Nostalgie.

Gut verbreitet ist hier die Kunst, sich das Leben schön zu trinken, sagt man. So schön, wie es nicht ist, wie Martin Walser es nennen würde, auch er einem edlen Tropfen nicht abgeneigt. Und unter all den wunderbaren Lagen um Würzburg herum ist der *Stein* vielleicht die wunderbarste. Erdig, mit rauchigen Aromen beim Silvaner, nach Pfirsich und Aprikose schmeckend manchmal beim Riesling, insbesondere aber von »klarer Kraft, von auf gesammelter Sonne und sonnengetränkter Erde«, wie Tucholsky schrieb, der den *Stein* sehr schätzte. So sehr, dass er in seinem Reisebericht *Das Wirtshaus im Spessart* seufzte: »Wir hätten sollen nicht so viel Steinwein trinken.«

Kurz vor der Lese: Man glaubt, den Wein schon zu schmecken

Die Anhängerschaft ist Legende: Goethe natürlich, er ließ sich den *Stein* ins ferne Weimar schicken und nicht nur zum Geburtstag. Gerne bestellte er in »Eimern«, der damals üblichen Maßeinheit, und es waren durchaus beträchtliche Mengen, die er sich kommen ließ. Allein 1828 waren es bei einem Dettelbacher Winzer 180 Liter, wie ein früherer Kitzinger Heimatpfleger recherchierte.

»Sende mir doch einige Würzburger«, schrieb Goethe 1806 aus Jena an Christiane Vulpius. »Kein anderer Wein will mir schmecken und ich bin verdrießlich, wenn mir mein Lieblingsgetränk abgeht«. Er war dem Zauber dieser Lage ebenso erlegen wie Joseph Victor von Scheffel, Autor des Frankenlieds, Heinrich von Kleist, Ricarda Huch, und viele andere vor und nach ihm: Alle tranken den *Stein,* alle waren begeistert von seinen Aromen, einige kamen auch nicht mehr so richtig von ihm los. Vielfach diente er als Quelle der Inspiration und Treibstoff zum Schreiben. Das war bereits Mitte des 18. Jahrhunderts so gewesen, im Zeitalter des Rokoko, als in der sogenannten Anakreontik Lyrik und Wein zusammengehörten wie Essen und Trinken, Träumen und Wachsein, Liebe und Gesang. Goethe nahm an der Bewegung kurz teil, überwand sie aber bald.

Zurück zum *Würzburger Stein.* Er wächst im Maintal in verschiedenen Sorten. Silvaner und Riesling dominieren, aber auch Müller-Thurgau und Rieslaner, eine Kreuzung von Riesling und Silvaner, gedeihen hier. Daneben sind Chardonnay, Bacchus und Scheurebe vertreten, letztere in teils beachtlicher Qualität.

Insgesamt ist der *Stein* mit 85 Hektar Fläche das größte zusammenhängende Anbaugebiet Deutschlands. Seit Kurzem gibt es den Stein-Wein-Pfad, einen vier Kilometer langen Panorama-Rundweg mit Schrifttafeln zum Weinbau insgesamt und zu den einzelnen Rebsorten. Überwiegend bewirtschaftet und vertrieben wird der *Stein* von den drei Würzburger Traditionsweingütern Bürgerspital, Juliusspital und Staatlicher Hofkeller. Das Mittelstück oder »Filetstück« wird nach seiner Form »Steinharfe« genannt und ist im Besitz des Bürgerspitals. Dazu ein historisches Datum: Im Jahr 1665 pflanzte der Abt Alberich Degen die erste Silvaner-Rebe an. Der Rest ist eine glanzvolle Geschichte.

Goethes Einstellung zum Wein ist uns nun bekannt, bemerkenswert ist zudem seine Haltung zur Erinnerung. Er liebte die Erinnerung als Möglichkeit zur Daseinsvertiefung. Seine Autobiografie *Dichtung und Wahrheit,* die Gespräche mit Eckermann, viele Briefe und Tagebucheinträge zeigen das. Erinnern, das war für ihn eine Form des Nach-innen-Schauens und -Gehens, eine Art aktualisiertes Glück.

»Zierlich Denken und süß Erinnern/Ist das Leben im tiefsten Innern«, schrieb er 1826 an den Freund Friedrich Christoph Förster. Wer so spricht, ist ein Nostalgiker. Und deshalb stellen wir uns immer wieder gerne vor, wie er auf seiner Reise nach Würzburg 1815 im Gasthof Zum Bayerischen Hof, wo er Station machte, vor einem Schoppen *Würzburger Stein* und einer ordentlichen Brotzeit sitzt und am *West-östlichen Diwan* arbeitet.

67

Bahnschreiner
Bahnhofsstraße 16
90542 Eschenau

Ein Laden für alles

Haushalts- und Spielwarengeschäft *Bahnschreiner*

Was haben wir kürzlich gebraucht? Vier Bistrogläser und einen Fusselrasierer. Wer könnte das haben? Das *KaDeWe* in Berlin? Galeria Kaufhof, Karstadt? Amazon? Ein anderes Internetkaufhaus? Die schnallen doch schon ab, wenn sie das Wort »Fussel« hören. Das gab's vielleicht lange vor ihrer Zeit.

Also zum *Bahnschreiner*, dem Laden für alles, gut erkennbar am gelben Lego-Schild in der Bahnhofstraße in Eschenau. *Bahnschreiner* heißt er, weil der Laden der Landgrafs ursprünglich eine Schreinerei war und weil es von da nur ein paar Schritte zum Bahnhof waren (und sind). Noch vor dem Ersten Weltkrieg wurde er eröffnet, von der Großmutter von Erwin Landgraf, der ihn nach ihrem Tod übernahm. Seit Mitte der 70er-Jahre ist auch seine Frau Ursula Landgraf dabei, da hatten sie das Spielzeug schon im Sortiment, erzählt sie. Inzwischen ist es die Hauptattraktion.

Über die Jahre und Jahrzehnte wurde der *Bahnschreiner* dann zur Eschenauer Institution. Hierhin ging man, wenn man das Ausgefallene und Besondere suchte, jene Ware, die nicht auch Hinz und Kunz verkauften. Gläser, Blumenvasen, Pfannen und Töpfe, Backformen und Raclette-Schäufelchen, das Kaffeeservice mit Goldrand, die schweren Aschenbecher, mit denen man jemanden erschlagen konnte und vieles, vieles mehr. Ein Wunder, wie sich Erwin und Ursula Landgraf in dem Überangebot zurechtfinden, das in fünf Räumen auf einer Gesamtfläche von über 80 Quadratmetern verteilt ist. Aber sie wissen genau, wo sie suchen müssen.

»Da könnte was dabei sein«, sagt die Bahnschreinerin und angelt in einem hinteren Raum einen Karton mit Bistrogläsern vom Regal. Böhmisches Glas, harmonisch geformte Weinkelche mit violettem Stiel, der mich an den Schmuck meiner Oma erinnert. Auch der Fusselrasierer ist schnell gefunden.

Wie lange wird's den *Bahnschreiner* noch geben? »Das steht in den Sternen«, sagt Ursula Landgraf, »das Internet macht uns halt sehr zu schaffen.« Die bittere Pille zum Schluss. Enkel Lukas, der mit seinen elf Jahren die Großeltern im Laden unterstützt, wird sich eines Tages entscheiden müssen.

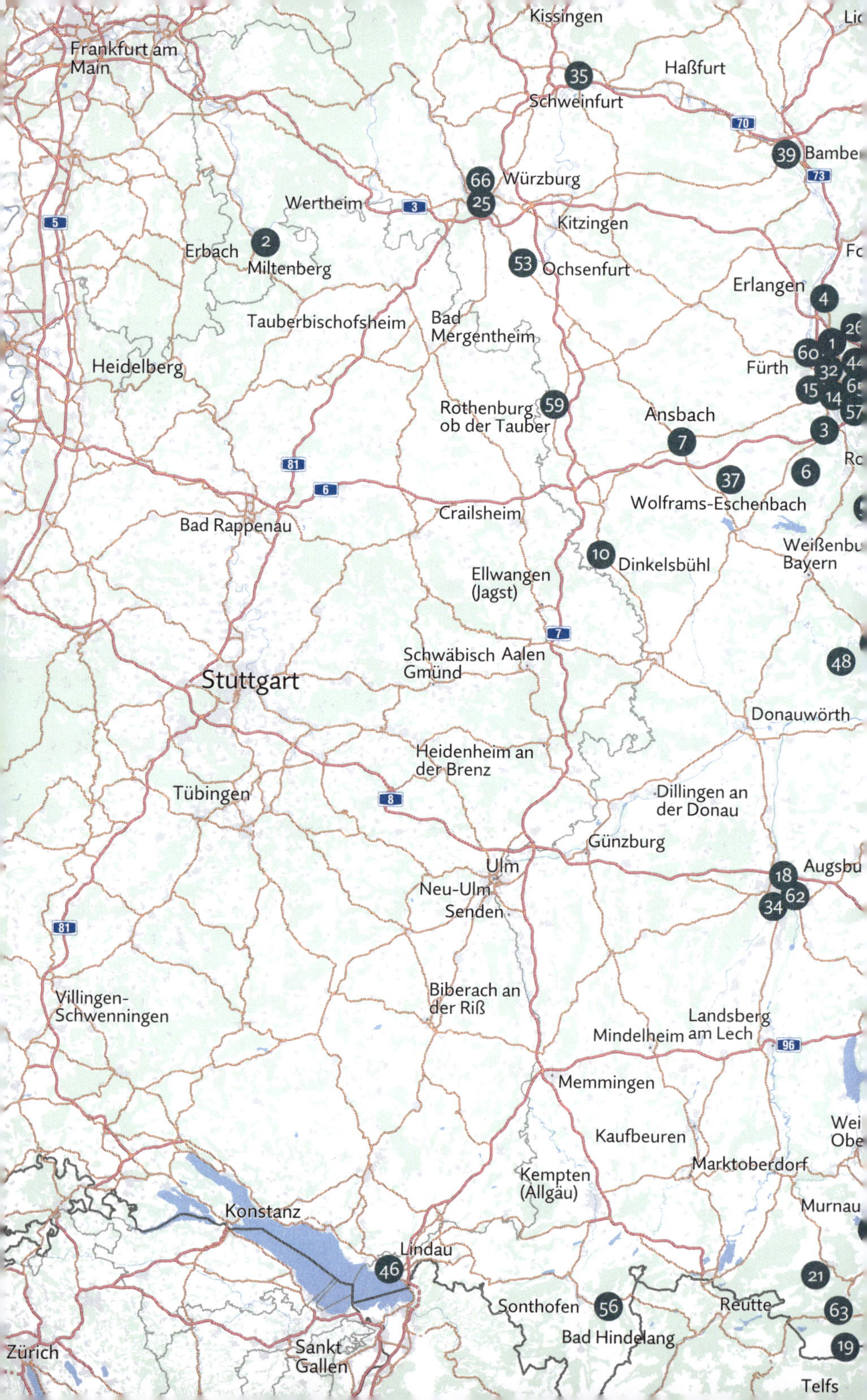

Kissingen
Frankfurt am Main
35
Haßfurt
Schweinfurt
70
39
73
66
Würzburg
25
Wertheim
3
5
2
Erbach
Miltenberg
Kitzingen
53
Ochsenfurt
Erlangen
4
Tauberbischofsheim
Bad Mergentheim
1
60
32
Fürth
15
14
Heidelberg
59
Rothenburg ob der Tauber
Ansbach
3
7
81
6
37
6
Wolframs-Eschenbach
Crailsheim
Bad Rappenau
10
Dinkelsbühl
Ellwangen (Jagst)
7
Schwäbisch Gmünd
Aalen
48
Stuttgart
Donauwörth
Heidenheim an der Brenz
Tübingen
8
Dillingen an der Donau
Günzburg
Ulm
18
62
34
Neu-Ulm
Senden
81
Biberach an der Riß
Villingen-Schwenningen
Landsberg am Lech
Mindelheim
96
Memmingen
Kaufbeuren
Marktoberdorf
Kempten (Allgäu)
Murnau
Konstanz
Lindau
46
21
Sonthofen
56
Reutte
63
Bad Hindelang
19
Zürich
Sankt Gallen
Telfs

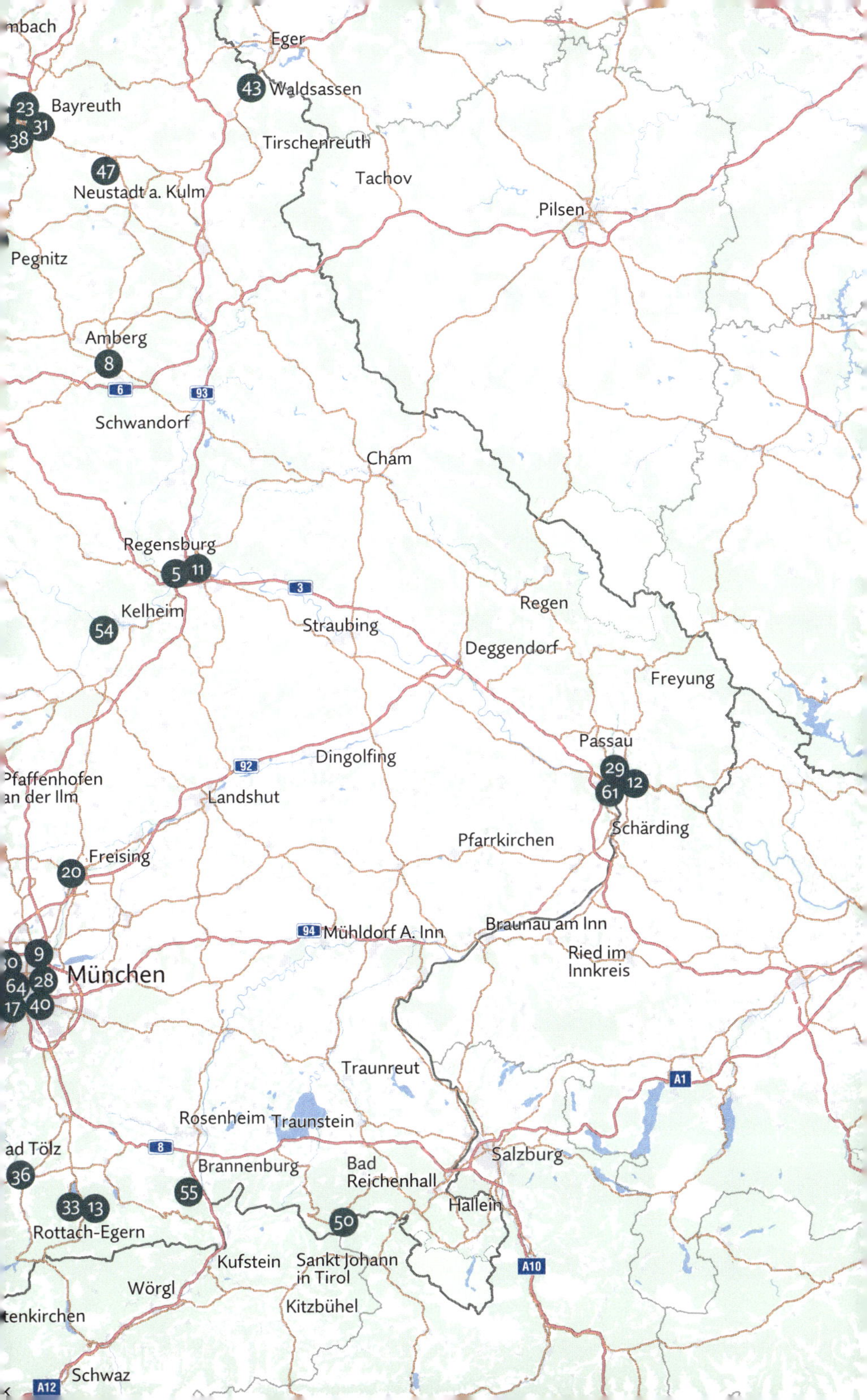
mbach
Eger
43 Waldsassen
23 Bayreuth
31
38
Tirschenreuth
47
Tachov
Neustadt a. Kulm
Pilsen
Pegnitz
Amberg
8
6
93
Schwandorf
Cham
Regensburg
5 11
3
Regen
Kelheim
54
Straubing
Deggendorf
Freyung
Passau
Dingolfing
92
29
12
61
Pfaffenhofen an der Ilm
Landshut
Schärding
Pfarrkirchen
Freising
20
94 Mühldorf A. Inn
Braunau am Inn
9
Ried im Innkreis
München
28
64
17 40
Traunreut
A1
Rosenheim
Traunstein
ad Tölz
8
Salzburg
Brannenburg
Bad Reichenhall
36
55
33 13
Hallein
50
Rottach-Egern
Kufstein
Sankt Johann in Tirol
A10
Wörgl
Kitzbühel
tenkirchen
Schwaz
A12

Dank

Mein besonderer Dank gilt meiner Lebensgefährtin Heike Burkhard. Ohne ihre ausdauernde Mitarbeit wäre dieses Buch nicht entstanden. Sie unterstützte mich bei der Themenfindung, las die Texte gegen und machte Änderungsvorschläge. Die Fotoauswahl lag ganz entscheidend bei ihr, viele Bilder machte sie auch selbst. Besonders aber die erste technische Bearbeitung übernahm sie und opferte dafür viel, sehr viel Freizeit. Ohne ihre Ausdauer und ihr Engagement wäre ein reines Textbuch entstanden oder wie man es früher in den Zeitungsredaktionen nannte, eine »Bleiwüste«. Dafür noch mal herzlichen Dank.

Tobias Eisenmann half mir, wenn ich wieder mal meinem Hang zur Aufschieberitis mit anschließender Schreibblockade nachgab. Dass es danach doch weiterging, irgendwie, ist sein Verdienst. Dafür meinen nachhaltigen Dank.

Sehr wichtig waren auch die zahlreichen Ansprechpartner, die mir meine Fragen freundlich und geduldig beantworteten. In vielen Texten tauchen sie namentlich auf oder werden zitiert. Auch ihnen verbindlichsten Dank.

Last, but not least, geht mein Dank an die Kollegenschaft aus den Medien und ihre Anregungen. Stellvertretend für viele seien hier der Bayernteil der Süddeutschen Zeitung und die Sendung *quer* im Bayerischen Fernsehen und ihr stets witziger Moderator Christoph Süß genannt. Als Ideengeber waren sie unverzichtbar und seien ausdrücklich bedankt.

WEITERE VERÖFFENTLICHUNGEN

Dietmar Bruckner /
Heike Burkhard
Orte der Stille in Bayern
ISBN 978-3-8392-1876-9

Wo ist es in Bayern ruhig? Einige Orte drängen sich auf: die spirituelle Stille in der Benediktinerabtei Metten, die Ruhe in der Natur, etwa im Rhododendronpark von Schloss Dennenlohe oder im Sternenpark Rhön. Dietmar Bruckner zeigt, dass man in Bayern auch an ganz unerwarteten Orten Stille finden kann – angesichts von Dürers »Selbstbildnis im Pelzrock« etwa, in einem Feng Shui Park oder im Hotel Kranzbach bei Garmisch. Ja, es gibt beides in Bayern: Die klassische Stille und die so nicht erwartete Stille, gleich um die Ecke.

Dietmar Bruckner /
Heike Burkhard
Orte der Stille in der Oberpfalz und im Bayerischen Wald
ISBN 978-3-8392-2451-9

Wo ist Bayern noch echt und unverfälscht? Dietmar Bruckner und Heike Burkhard haben sich auf die Suche gemacht und Antworten gefunden: in der meditativen Stille des Bayerischen Walds, bei den Goldwäschern in der Oberpfalz, im romantischen Regensburg, im schräg-skurrilen Luftmuseum in Amberg, beim Zoigl-Bier und bei den Glasbläsern von Frauenau. Hier stießen sie auf urige Menschen und eine über Jahrhunderte gewachsene Kultur, wie man sie in dieser Ursprünglichkeit nur noch selten findet in Deutschland.

KRIMIS AUS DER REGION

Buchenberger,
Bluadsbagage
978-3-8392-2565-3

Eichhorn,
Schwanenschrei
978-3-8392-2335-2

Gerwien,
Krautkiller
978-3-8392-1670-5

Kment,
Leonhardifahrt
978-3-8392-2727-5

Schröfl,
Brauerehre
978-3-8392-1754-2

von Wilk,
Babylon Rosenheim
978-3-8392-2688-9

SPANNUNG
GMEINER

WWW.GMEINER-VERLAG.D
Wir machen's spannen